KB001227

영어회화 100일의 기적

영어회화 100일의 기적

지은이 문성현
펴낸이 임상진
펴낸곳 (주)넥서스

초판 1쇄 발행 2015년 5월 25일
초판 220쇄 발행 2022년 2월 25일

2판 1쇄 발행 2022년 9월 5일
2판 57쇄 발행 2024년 10월 21일

출판신고 1992년 4월 3일 제311-2002-2호
주소 10880 경기도 파주시 지목로 5
전화 (02)330-5500 팩스 (02)330-5555

ISBN 979-11-6683-355-7 13740

www.nexusbook.com

100일 후에는 나도 영어로 말한다!

영어회화 100일의 기적

문성현 지음

넥서스

나 ______________ 는

영어회화 100일의 기적으로

100일 뒤 반드시

영어 초보를 탈출할 것이다.

대한민국에서 영어 잘하는 법

여러분, 영어회화 잘하고 싶으시죠?

한국인에게 영어가 어려운 이유 중 하나는 외워야 할 표현이 너무 많다고 생각하기 때문입니다. 그러나 한국에 살면서 주로 사용하는 영어 표현은 한정되어 있습니다. 주중에는 일상적인 전화 통화, 회사 생활, 술자리 등으로 시간을 보내고 주말에는 데이트, 취미 생활, 쇼핑 또는 병문안 등이 우리의 주된 일과입니다.

First things first라는 표현이 있습니다. '가장 중요한 것부터 먼저 하라'라는 뜻이죠. 영어를 위한 충분한 시간이 허락되지 않는 한국인에게는 자주 접하는 상황에서 사용되는 단골 표현을 먼저 익히는 것이 중요합니다.

그래서 이 책은 한국인이 일상생활에서 자주 접하는 100가지 상황을 100일 코스에 맞게 설정하여 총 700여 개의 핵심표현을 배우고 다양한 대화 예문을 통해 말하기 표현력을 높일 수 있도록 구성하였습니다.

내가 자주 사용하는 한국말이 원어민을 만났을 때 가장 많이 하게 되는 말입니다. 한국인이 자주 사용하는 표현을 먼저 익히고 자신감을 얻는다면, 여러분의 영어회화 실력에 커다란 터닝포인트가 될 것이라고 확신합니다.

영어 표현이 쉽게 이해되고 여러분의 자발적인 학습에 도움을 드리고자 스마트폰으로 들을 수 있는 팟캐스트, 유튜브 강의도 제공합니다.

이 책을 보고 나서 100일 후, 여러분의 영어 실력이 한 단계 업그레이드되고 영어 실력의 단단한 토대가 되기를 바랍니다.

저자 문성현

기적의 100일 학습법

〈영어회화 100일의 기적〉
전용 **모바일 페이지**를 통해
MP와 저자 강의 듣기

- 녹음강의
- 동영상강의

DAY
001~005
MP3와 저자 강의를 들어 보세요

1 매일매일 바뀌는
오늘의 표현 확인

2 원어민이 직접 녹음한
MP3와 저자의 녹음강의로
학습효과 증대

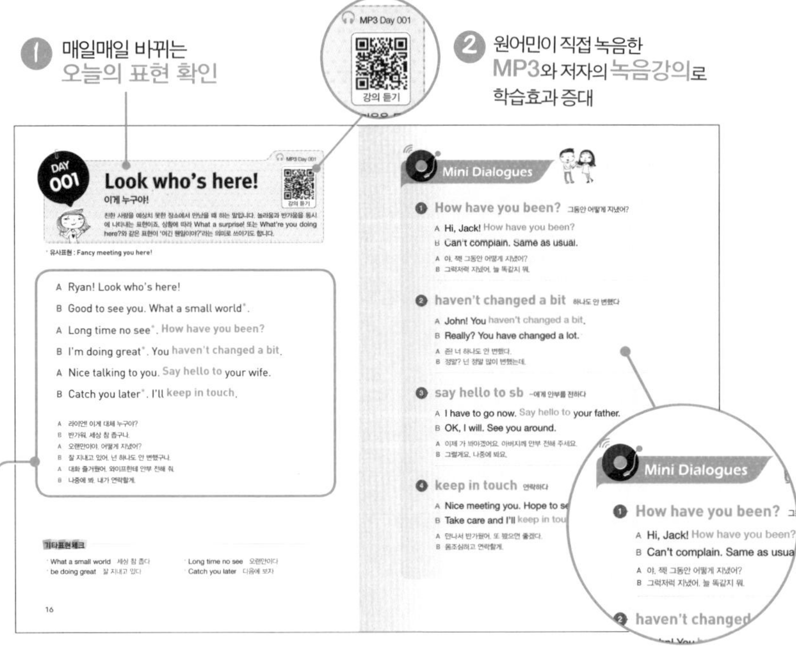

3 생생한 대화문으로
원어민의 뉘앙스와 오늘 배울 주요표현 익히기

4 오늘 배울 주요표현을 활용한
Mini Dialogue로
풍부한 회화 실력 기르기

DAY 001~005가
끝나면 Review Quiz를 풀면서
탄탄하게 복습하기

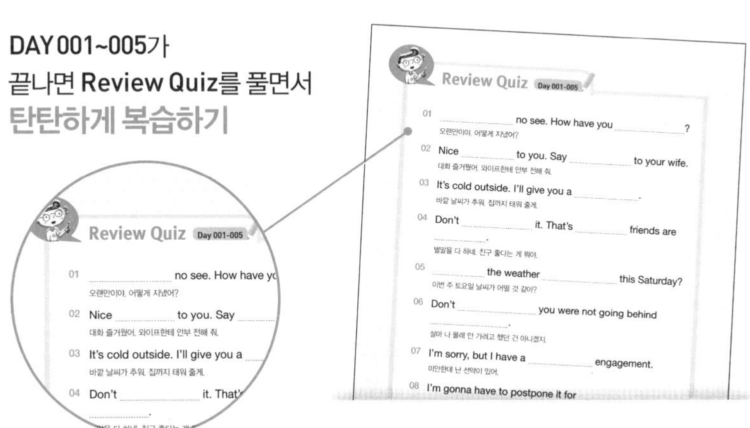

기적의 100일 학습 도우미 *온라인 무료 제공 (www.nexusbook.com)

원어민 MP3 원어민이 직접 녹음한 MP3를 들으며 발음을 체크해 보세요. 반복해서 들으며 상황에 따른 뉘앙스까지 익힐 수 있도록 하세요.

리스닝 MP3 중요 문장들을 뽑아 리스닝 테스트를 할 수 있도록 MP3를 구성했습니다. 받아쓰기를 한 후 다시 들어보고 큰 소리로 따라 말해 보세요.

리스닝 테스트 [리스닝 MP3]와 함께 활용합니다. 꼭 기억해야 할 문장들만 뽑아 받아쓰기를 할 수 있도록 구성했습니다. 모든 문장을 확실히 익히고 나서 테스트해 보세요.

단어 노트 본문에서 헷갈릴 수 있는 단어들을 정리하였습니다. 일부러 사전을 찾지 않아도 바로 단어의 뜻을 확인할 수 있습니다.

단어 Quiz 단어 노트의 학습을 마치고 제대로 익혔는지 확인해 보세요. 헷갈린다면 다시 단어 노트를 펴고 반복해서 익힙니다.

저자 강의 저자 선생님이 직접 녹음한 강의를 들으며 학습해 보세요.

녹음강의 podbbang.com/ch/7210
동영상강의 youtube.com/muncoach

<영어회화 100일의 기적>
MP3 & 강의 듣는 방법

1

스마트폰에 QR코드 리더를 설치하여
책 속의 QR코드를 인식하면
원어민 MP3와 녹음강의를
바로 들을 수 있습니다.

MP3 + 강의

2

유튜브에서 도서명을 검색하면
저자 동영상 강의를 볼 수 있습니다.

3

네이버 오디오클립 어플을 설치하면
MP3를 휴대폰에 다운받을 수 있습니다.

4

팟빵이나 아이튠즈 팟캐스트에서
도서명을 검색하세요. podbbang.com

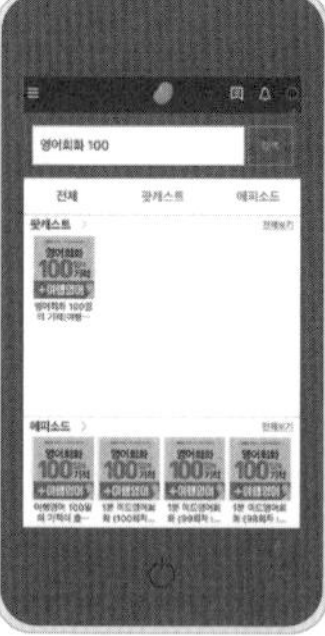

학습 진도표

DAY 001~050

Day 001~015		페이지	공부한 날
DAY 001	Look who's here! 이게 누구야!	016	월 일
DAY 002	Don't mention it 별말을 다해	018	월 일
DAY 003	What's the weather like? 날씨가 어때?	020	월 일
DAY 004	I feel like going out 놀러 가고 싶어	022	월 일
DAY 005	Care for some coffee? 커피 한잔 할래?	024	월 일
DAY 006	Look on the bright side 긍정적으로 생각해	028	월 일
DAY 007	What do you mean? 무슨 뜻이죠?	030	월 일
DAY 008	Can you give me a hand? 좀 도와줄래?	032	월 일
DAY 009	Want to come along? 같이 갈래?	034	월 일
DAY 010	He's getting out of hand 감당이 안 돼	036	월 일
DAY 011	You've crossed the line 너무 심했어	040	월 일
DAY 012	Are you sure? 정말이야?	042	월 일
DAY 013	Don't tell me what to do 잔소리 그만해	044	월 일
DAY 014	I called in sick 나 병가 냈어	046	월 일
DAY 015	What's up with your hair? 머리는 왜 그래?	048	월 일

Day 016~035		페이지	공부한 날
DAY 016	Sounds good 좋은 생각이야	052	월 일
DAY 017	This is ridiculous 말도 안 돼	054	월 일
DAY 018	I'm booked solid 일정이 꽉 찼어	056	월 일
DAY 019	Time to call it a day 끝낼 시간이야	058	월 일
DAY 020	I should pay more attention 좀 더 신경 쓸게	060	월 일
DAY 021	Not to worry 걱정 마	064	월 일
DAY 022	Let's go for a drive 드라이브 가자	066	월 일
DAY 023	Just throw away 갖다 버려	068	월 일
DAY 024	Here we go again 또 시작이야	070	월 일
DAY 025	Let it go 신경 꺼	072	월 일
DAY 026	Now you're talking 바로 그거야	076	월 일
DAY 027	You're all dressed up 쫙 빼입었네	078	월 일
DAY 028	Suit yourself! 맘대로 해!	080	월 일
DAY 029	Let's get wasted 실컷 마시자	082	월 일
DAY 030	It's no big deal 별일 아니야	084	월 일
DAY 031	What's wrong with it? 뭐 어때서요?	088	월 일
DAY 032	I stayed up all night 밤을 꼬박 새웠어	090	월 일
DAY 033	Watch your language 말조심해	092	월 일
DAY 034	Don't even think about it 꿈도 꾸지 마	094	월 일
DAY 035	My back is killing me 허리 아파 죽겠어	096	월 일

Good

DAY 051~100

DAY 001~005

MP3와 저자 강의를 들어 보세요
영어회화 100일의 기적
DAY 001 ~ 010
DAY 001
MP3
녹음강의
동영상강의
DAY 002
DAY 003
DAY 004
초보탈출!

Look who's here!

MP3 Day 001

이게 누구야!

친한 사람을 예상치 못한 장소에서 만났을 때 하는 말입니다. 놀라움과 반가움을 동시에 나타내는 표현이죠. 상황에 따라 What a surprise! 또는 What're you doing here?와 같은 표현이 '여긴 웬일이야?'라는 의미로 사용됩니다.

• **유사표현 : Fancy meeting you here!**

A Ryan! Look who's here!

B Good to see you. What a small world*.

A Long time no see*. **How have you been?**

B I'm doing great*. You **haven't changed a bit**.

A Nice talking to you. **Say hello to** your wife.

B Catch you later*. I'll **keep in touch**.

A 라이언! 이게 대체 누구야?
B 반가워. 세상 참 좁구나.
A 오랜만이야. 어떻게 지냈어?
B 잘 지내고 있어. 넌 하나도 안 변했구나.
A 대화 즐거웠어. 와이프한테 안부 전해 줘.
B 나중에 봐. 내가 연락할게.

기타표현체크

• What a small world 세상 참 좁다
• be doing great 잘 지내고 있다
• Long time no see 오랜만이다
• Catch you later 다음에 보자

1 How have you been? 그동안 어떻게 지냈어?

A Hi, Jack! How have you been?
B Can't complain. Same as usual.

A 야, 잭! 그동안 어떻게 지냈어?
B 그럭저럭 지냈어. 늘 똑같지 뭐.

2 haven't changed a bit 하나도 안 변했다

A John! You haven't changed a bit.
B Really? You have changed a lot.

A 존! 너 하나도 안 변했다.
B 정말? 넌 정말 많이 변했는데.

3 say hello to sb ~에게 안부를 전하다

A I have to go now. Say hello to your father.
B OK, I will. See you around.

A 이제 가 봐야겠어요. 아버지께 안부 전해 주세요.
B 그럴게요. 나중에 봐요.

4 keep in touch 연락하다

A Nice meeting you. Hope to see you again.
B Take care and I'll keep in touch with you.

A 만나서 반가웠어. 또 봤으면 좋겠다.
B 몸조심하고 연락할게.

MP3 Day 002

Don't mention it

상대방이 감사의 인사를 하면 '천만에요.', '신경 쓰지 마세요.'라고 응답할 때 사용하는 표현입니다. 유사한 의미로 Forget it. 또는 You're welcome.과 같은 표현도 있습니다.

• **유사표현 :** Never mind

A I got something for your birthday.

B A present for me? **You shouldn't have!**

A It's cold outside. I'll **give** you **a ride** home.

B Don't bother*, but thanks anyway.

A Don't mention it*. **That's what friends are for**.

B Something smells fishy*. Just **be yourself**.

A 네 생일 선물로 뭘 좀 샀어.
B 내 선물이라고? 이러지 않아도 되는데!
A 바깥 날씨가 추워. 집까지 태워 줄게.
B 일부러 그럴 거 없어. 어쨌든 고마워.
A 별말을 다 하네. 친구 좋다는 게 뭐야.
B 뭔가 수상한데. 평소처럼 해.

기타표현체크

• Don't bother 일부러 그럴 거 없어
• Don't mention it 천만에요/별말을 다 해
• Something smells fishy 수상한 냄새가 난다

1 You shouldn't have! 이러지 않아도 되는데!/뭐 이런 걸 다!

A Here's a present for you.

B What beautiful flowers! You shouldn't have!

A 이거 네 선물이야.
B 와, 예쁜 꽃이네요. 이러지 않아도 되는데!

---

2 give sb a ride ~를 태워 주다

A Could you give me a ride home?

B Sure, I'll drop you off on the way.

A 집까지 태워다 줄 수 있어?
B 물론이지. 내가 가는 길에 내려 줄게.

---

3 That's what friends are for 친구 좋다는 게 뭐야

A I can always count on you.

B That's what friends are for.

A 넌 늘 믿을 만한 사람이야.
B 친구 좋다는 게 그런 거지.

---

4 be oneself 평소처럼 행동하다

A I'm so nervous about my job interview.

B Relax and be yourself.

A 취업 면접 때문에 정말 긴장돼.
B 긴장 풀고 그냥 평소처럼 해.

MP3 Day 003

What's the weather like?

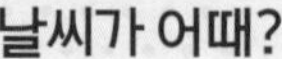

날씨가 어때?

강의 듣기

'What+be동사 ~ like?'는 사물이나 사람의 상태를 물을 때 사용하는 표현입니다. '새로 오신 선생님 어때?'라고 묻는다면 What's your new teacher like?와 같이 말하면 되겠죠.

• 유사표현 : How is the weather?

A **What's** the weather gonna be **like** this Saturday**?**

B The weather reporter said it is gonna be raining.

A I get the feeling that* we should call off* our trip.

B Boy! **It** totally **slipped my mind**.

A **Don't tell me** you were going to go alone behind my back*.

B No way. I'll just **go with the flow**.

A 이번 주 토요일 날씨가 어떨 것 같아?
B 일기예보에서 비가 올 거라고 했어.
A 여행을 취소해야 할 것 같은 느낌이 들어.
B 이런! 깜빡 잊고 있었네.
A 설마 나 몰래 혼자 가려고 했던 건 아니겠지.
B 말도 안 돼. 난 그냥 대세를 따를 거야.

기타표현체크

- get the feeling that+주어+동사 ~라는 느낌이 들다
- call off 취소하다
- behind one's back ~의 뒤에서/~ 몰래

❶ What's sb/sth like? ~은 어때?

A What's the rookie like?
B Outgoing. He likes to hang out with people.

A 새로 온 신참 어때요?
B 외향적이에요. 사람들과 어울리는 걸 좋아해요.

---

❷ It slipped one's mind 깜빡 잊어버렸어

A You were supposed to see me for dinner.
B I'm Sorry! It totally slipped my mind!

A 같이 저녁 먹기로 했잖아요.
B 미안해요. 까맣게 잊어버렸어요!

---

❸ Don't tell me+주어+동사 설마 ~하려는 건 아니겠지

A Don't tell me you have changed your mind.
B No. Don't jump to conclusions.

A 설마 마음이 변한 건 아니겠지.
B 아니야. 속단하지 마.

---

❹ go with the flow 대세를 따르다

A How about a drink this evening?
B I don't care. I'll go with the flow.

A 오늘 저녁에 술 한잔 어때?
B 난 상관없어. 대세에 따를게.

I feel like going out

놀러 가고 싶어

'feel like -ing'는 '~하고 싶은 기분이야'라는 표현입니다. 동사 대신 명사를 사용해서 I feel like some coffee.(커피 좀 마시고 싶어.)와 같이 말할 수도 있습니다.

• 유사표현 : I feel up to going out

A I **feel like** going out with you tonight.

B I'm sorry, but I have a previous engagement*.

A **Nothing beats** beer with chicken on a hot day.

B Come to think of it*, I can't miss a drinking session*.

A That's it! You **might as well** cancel your appointment.

B I'm gonna have to **postpone** it **for another day**.

A 오늘 밤에 너랑 놀러 가고 싶어.
B 미안한데 난 선약이 있어.
A 이렇게 더운 날엔 치맥보다 나은 게 없지.
B 생각해 보니, 내가 술자리를 놓치면 안 되지.
A 바로 그거야! 약속 취소하는 게 낫겠다.
B 약속을 다른 날짜로 옮겨야겠어.

기타표현체크

• previous engagement 선약
• drinking session 술자리
• come to think of it 다시 생각해 보니

❶ feel like+(동)명사 ~하고 싶은 기분이다

A I **feel like** crying my eyes out.

B Chin up and I'll keep you company.

A 눈이 붓도록 펑펑 울고 싶은 기분이야.
B 기운 내. 내가 곁에 있어 줄게.

---

❷ Nothing beats sth ~만 한 것이 없다/~이 최고다

A **Nothing beats** this place for crabs.

B Really? I can't wait to eat.

A 게 요리는 여기만 한 곳이 없어요.
B 정말? 먹고 싶어 죽겠어.

---

❸ might as well+동사원형 ~하는 게 나을 것 같다 (대안이 없을 때)

A We have to wait for an hour for the next bus.

B We **might as well** walk. It only takes 20 minutes on foot.

A 다음 버스를 타려면 한 시간을 기다려야 해요.
B 걸어가는 게 낫겠네요. 걸어서 20분밖에 안 걸려요.

---

❹ postpone sth for another day 다른 날로 연기하다

A Could you **postpone** it **for another day**?

B It's up to you. It's all the same.

A 다른 날로 연기해 줄래?
B 알아서 해. 결국엔 다 똑같아.

MP3 Day 005

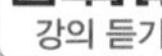

Care for some coffee?

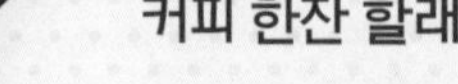

'~하실래요?'처럼 상대의 의향을 물을 때 'Care for+명사?' 또는 'Care to+동사원형?'의 형태로 말할 수 있어요. '춤추실래요?'는 Care to dance?라고 하죠. 친한 사이에 격식 없이 사용하면 좋은 표현입니다.

• 유사표현 : Would you like some coffee?

A How did you get those plane tickets?

B I pulled some strings*. I have good connections*.

A I knew it. **Care for** some coffee after lunch**?**

B You're a big fan of* coffee. **Go easy on** it.

A **It's not gonna kill you to** have one.

B **Don't forget to** bring Anna.

A 비행기 티켓 어떻게 구했어?
B 내가 백을 좀 썼지. 좋은 인맥이 좀 있거든.
A 그럴 줄 알았어. 점심 먹고 커피 한잔 어때?
B 커피 정말 좋아하는구나. 적당히 좀 마셔.
A 한 잔 마신다고 큰일 나는 거 아니잖아.
B 안나 데려오는 거 잊지 말고.

기타표현체크

• pull some strings 연줄을 대다/백을 쓰다
• have good connections 좋은 인맥이 있다
• be a big fan of sb/sth ~의 광팬이다/~을 좋아하다

❶ (Would you) care for + 명사? ~ 좀 드실래요?

A (Would you) care for dessert?

B Yes, I'd like a cheese cake.

A 디저트 좀 드시겠어요?
B 네. 치즈케이크 주세요.

---

❷ go easy on sth ~을 적당히 하다

A How do you like your coffee?

B No cream. Please go easy on the sugar.

A 커피 어떻게 해 드릴까요?
B 크림은 빼고 설탕은 조금만 넣어 주세요.

---

❸ It's not gonna kill you to + 동사원형

~한다고 큰일 나지 않아

A I always wear casual clothes.

B It's not gonna kill you to look like a girl for one day.

A 전 항상 편한 옷을 입어요.
B 하루 정도 여성스럽게 입는다고 큰일 나지 않아.

---

❹ Don't forget to + 동사원형 ~하는 거 잊지 마

A I have a runny nose. I'm coming down with a cold.

B Don't forget to drop by the clinic after work.

A 콧물이 나와요. 감기 기운이 있어요.
B 퇴근 후에 병원에 들르는 거 잊지 마세요.

Review Quiz Day 001-005

01 ________ no see. How have you ________?
오랜만이야. 어떻게 지냈어?

02 Nice ________ to you. Say ________ to your wife.
대화 즐거웠어. 와이프한테 안부 전해 줘.

03 It's cold outside. I'll give you a ________.
바깥 날씨가 추워. 집까지 태워 줄게.

04 Don't ________ it. That's ________ friends are ________.
별말을 다 하네. 친구 좋다는 게 뭐야.

05 ________ the weather ________ this Saturday?
이번 주 토요일 날씨가 어떨 것 같아?

06 Don't ________ you were going to go alone behind ________.
설마 나 몰래 혼자 가려고 했던 건 아니겠지.

07 I'm sorry, but I have a ________ engagement.
미안한데 난 선약이 있어.

08 I'm gonna have to postpone it for ________.
약속을 다른 날짜로 옮겨야겠어.

09 I pulled ________. I have good ________.
내가 백을 좀 썼지. 좋은 인맥이 좀 있거든.

10 You're a ________ of coffee. Go ________ it.
커피 정말 좋아하는구나. 적당히 좀 마셔.

정답 01. Long time / been 02. talking / hello 03. ride home 04. mention / what / for 05. What's / gonna be like 06. tell me / my back 07. previous 08. another day 09. some strings / connections 10. big fan / easy on

DAY
006~010

MP3와 저자 강의를 들어 보세요
100일 후에는 나도 영어로 말한다!
영어회화 100일의 기적
DAY
001 ~ 010
011 ~ 020
DAY
006
MP3
녹음강의
동영상강의
DAY
007
DAY
008
DAY
009
초보탈출!

MP3 Day 006

Look on the bright side

긍정적으로 생각해

직역하면 '밝은 면을 바라보다'라는 뜻인데, '긍정적으로 생각하다'라는 의미의 표현입니다. 친구가 좋지 않은 일로 의기소침해 있을 때 격려의 말로 쓰면 좋은 표현이죠. 간단히 Be positive.와 같이 말해도 됩니다.

• **유사표현 : Think positively**

A Sorry to keep you waiting*. So where were we?

B We need to **fix the date** for the next meeting.

A When is the most convenient time* for you?

B **Too bad** I'm not able to make time* this week.

A Try to **look on the bright side**.

B Got it. **Keep** me **posted** on your progress.

A 기다리게 해서 미안해요. 어디까지 얘기했죠?
B 다음 미팅 날짜를 확정해야 해요.
A 언제가 가장 편한 시간이죠?
B 안타깝게도 이번 주는 시간을 낼 수가 없어요.
A 긍정적으로 생각 좀 해 봐요.
B 알았어요. 진행 상황을 계속 알려 주세요.

기타표현체크

• keep sb waiting ~를 기다리게 하다
• When is the most convenient time? 언제가 가장 편하세요?
• make time 시간을 내다

❶ fix the date 날짜를 확정하다

A Have you fixed the date for the wedding?

B Yes. I've sent you the invitation. Please RSVP by Friday.

A 결혼식 날짜 잡았어요?

B 네. 초대장 보냈어요. 금요일까지 회답해 주세요.

---

❷ Too bad+주어+동사 ~라서 안타깝다/아쉽다

A Too bad you have to stay home on a day like this.

B Tell me about it. I'll just vacuum the floor and wipe it.

A 이런 날 집에 있어야 하다니 정말 안타깝다.

B 내 말이. 청소기 돌리고 바닥이나 닦아야지.

---

❸ look on the bright side 긍정적으로 생각하다

A I'm afraid I'm not really a people person.

B Look on the bright side. You're the life of the party.

A 전 그렇게 사교적인 사람이 아니에요.

B 긍정적으로 생각해요. 당신은 분위기 메이커잖아요.

---

❹ keep sb posted (진행 상황을) 계속 알려 주다

A Please keep me posted with any updates.

B OK, but I'm afraid my phone battery is dead.

A 새로운 소식 있으면 계속 알려 주세요.

B 네, 근데 전화기 배터리가 나갔어요.

What do you mean?

MP3 Day 007

강의 듣기

무슨 뜻이죠?

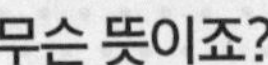

상대방이 한 말이 이해가 되지 않아서 무슨 의도인지 확인하려고 묻는 표현입니다. What do you mean by that? 또는 I don't get your point.와 같이 말해도 됩니다.

• **유사표현 : What does it mean?**

A I'm calling to* **make a reservation** at seven.

B **How many in your party**, sir**?**

A **Do you have a room for** six**?**

B It makes no difference* whether you book or not.

A What do you mean?

B You'll be admitted* **on a first-come first-served basis**.

A 7시에 예약하려고 전화했어요.
B 일행이 몇 분이신가요?
A 6명인데 방이 있나요?
B 예약을 하시든 안 하시든 차이가 없어요.
A 그게 무슨 뜻이죠?
B 오시는 순서대로 입장시켜 드리거든요.

기타표현체크

• I'm calling to+동사원형 ~하려고 전화했어요
• make no difference 차이가 없다
• be admitted (to+장소) (~에) 입장하다

1 make a reservation 예약하다

A I made a reservation in the name of Smith.

B Ok, here it is. Your room number is 907.

A 스미스라는 이름으로 예약했습니다.

B 네, 여기 있군요. 907호실입니다.

---

2 How many in your party? 인원이 몇 명이시죠?

A How many in your family?

B There are four of us in my family.

A 가족 수가 몇 명이세요?

B 우리 가족은 네 명입니다.

---

3 Do you have a room[table] for+숫자?

~인용 방[테이블] 있나요?

A Do you have a table for three?

B Yes. We have one by the window.

A 3명이 앉을 테이블이 있나요?

B 네. 창문 옆에 하나 있습니다.

---

4 on a+형용사+basis ~을 기준으로

A How often do you see your parents?

B I meet them on a weekly basis.

A 부모님은 얼마나 자주 뵙나요?

B 일주일에 한 번씩 만나요.

MP3 Day 008

Can you give me a hand?

좀 도와줄래?

help는 '직접 도와주다'라는 의미인 반면, give sb a hand는 '누가 ~하는 것을 거들어 주다'라는 뉘앙스의 표현입니다. help out은 '끝까지 도와주다'라는 의미를 포함하고 있습니다.

• **유사표현 :** Can you help me out?

A Can you **give me a hand with** this?

B I'd love to, but I'm too busy.

A How come* you're good at* **making excuses**?

B Don't **take it out on** me.

A **All you have to do is** just say yes.

B You have to do it yourself* to improve your ability*.

A 이것 좀 도와줄래?
B 그러고 싶은데 너무 바빠.
A 넌 왜 그렇게 핑계를 잘 대니?
B 나한테 화풀이하지 마.
A '알았어.'라고 대답만 하면 되잖아.
B 네 능력을 키우려면 스스로 해야 해.

기타표현체크

• How come+주어+동사? 왜 ~하는 거야?
• be good at+(동)명사 ~을 잘하다
• do sth oneself 스스로 ~하다
• improve one's ability 능력을 키우다

❶ give sb a hand with sth ~가 …하는 것을 돕다

A Can you give me a hand with this box?

B Sure. Put that down. I'll do it.

A 이 박스 옮기는 것 좀 도와줄래?

B 물론. 내려놔. 내가 할게.

❷ make an excuse 핑계를 대다

A I'm sorry. The traffic was heavy.

B Stop making lame excuses.

A 미안해. 차가 엄청 막혔어.

B 어설픈 변명 늘어놓지 마.

❸ take it out on sb ~에게 화풀이하다

A You're an idiot! What kind of person are you?

B Why do you take it out on me?

A 이런 멍청이! 넌 뭐하는 놈이냐?

B 왜 나한테 화풀이하는 거야?

❹ All you have to do is+동사원형 ~하기만 하면 된다

A What do I have to do for you?

B All you have to do is press this button.

A 제가 어떻게 해야 하는 거죠?

B 이 버튼을 누르기만 하면 돼요.

Want to come along?

MP3 Day 009

같이 갈래?

'Want to+동사원형?'의 형태는 '~할래?'와 같이 상대방의 의사를 묻는 표현입니다. 비슷한 표현으로 Want to join us?와 같이 말해도 됩니다.

• **유사표현 : Want to tag along?**

A I'm going camping* this weekend. Want to **come along**?

B Why not? Can I get you anything?

A Just bring yourself*. I'll take care of* everything.

B I've been wanting to **hit the road** for a change* lately.

A That's great! I'm also **looking forward to** this trip.

B I **wouldn't miss it for anything**.

A 이번 주말에 캠핑 가려는데, 같이 갈래?
B 물론이지. 뭘 가져갈까?
A 그냥 몸만 와. 내가 다 알아서 할게.
B 요즘 기분 전환 삼아 좀 떠나고 싶었어.
A 잘됐네! 나도 이번 여행을 고대하고 있어.
B 무슨 일이 있어도 갈게.

기타표현체크

- go camping 캠핑하러 가다
- take care of sth ~을 처리하다
- Just bring yourself 몸만 오세요
- for a change 기분 전환 삼아

1 come along 따라가다

A You're going shopping? Mind if I come along?

B Not at all. I'll see you soon.

A 쇼핑 갈 거야? 나도 따라가도 돼?

B 물론이지. 이따가 보자.

---

2 hit the road 여행을 떠나다

A I'm planning to hit the road on vacation.

B Wow, I am so jealous of you.

A 방학 때 여행 갈 계획이야.

B 와! 정말 부러워.

---

3 look forward to+(동)명사 ~을 고대하다

A I've been looking forward to meeting you.

B Me, too. It's nice to finally meet you in person.

A 예전부터 뵙고 싶었습니다.

B 저도 그래요. 직접 만나게 되어 기뻐요.

---

4 wouldn't miss it for anything

반드시 참석하다

A You're coming to my party next weekend?

B Cross my heart. I wouldn't miss it for anything.

A 너 다음 주 파티에 올 거지?

B 맹세할게. 무슨 일이 있어도 갈 거야.

MP3 Day 010

He's getting out of hand

감당이 안 돼

get out of hand는 '손에서 벗어나 있다', 즉 '통제가 되지 않다'라는 뜻입니다. 어떤 상황이나 사람이 더 이상 감당이 되지 않을 때 사용하죠. '모든 게 뜻대로 되고 있다.'는 I've got everything under control.과 같이 말합니다.

• **유사표현 : He's getting out of control**

A My boss is not easy to get along with*.

B What is it? Spit it out.*

A He's two-faced and **getting out of hand**.

B You're annoyed by his constant complaints.

A He**'s in a bad mood** for some reason today.

B The thing is* you**'re not cut out to kiss up to** him.

A 우리 사장님하고 함께 지내기 정말 힘들어.
B 뭐 때문에? 말해 봐.
A 그분은 이중적이고 갈수록 감당이 안 돼.
B 끊임없는 불평 때문에 짜증스럽구나.
A 오늘도 무슨 이유인지 기분이 안 좋으셔.
B 네가 아부에 소질이 없는 것도 문제야.

기타표현체크

- get along with sb ~와 잘 지내다
- The thing is+주어+동사 문제는 ~이다
- Spit it out 솔직히 말해 봐

❶ get out of hand 감당이 안 되다

A Nowadays children are getting out of hand.

B They always pick a fight when they run into each other.

A 요즘 애들은 정말 감당이 안 돼.

B 걔들은 만날 때마다 시비를 걸지.

❷ be in a good[bad] mood 기분이 좋다[나쁘다]

A You look like you are in a good mood today.

B My son was discharged from the military yesterday.

A 오늘 기분이 좋아 보이세요.

B 어제 아들이 군대에서 제대했거든요.

❸ be cut out to+동사원형 ~에 적합하다/어울리다

A I don't think I'm cut out to be a stay-at-home mom.

B I see what you mean. I think you should get a job.

A 나한테 전업주부가 적성에 맞지 않나 봐.

B 무슨 말인지 알아. 직장을 구해야겠네.

❹ kiss up to sb ~에게 아부하다/애교떨다

A Don't kiss up to me. It's not gonna work.

B You're too much. Give me a break!

A 나한테 아부하지 마. 소용없어.

B 정말 너무해. 한 번만 봐줘!

Review Quiz Day 006-010

01 Sorry to keep you ______. So where ______?

기다리게 해서 미안해요. 어디까지 얘기했죠?

02 ______ I'm not able to ______ this week.

안타깝게도 이번 주는 시간을 낼 수가 없어요.

03 I'm calling to ______ at seven.

7시에 예약하려고 전화했어요.

04 You'll ______ on a first-come ______ basis.

오시는 순서대로 입장시켜 드리거든요.

05 Can you give me ______ with this?

이것 좀 도와줄래?

06 How come you're good at ______?

넌 왜 그렇게 핑계를 잘 대니?

07 Just bring ______. I'll take ______ everything.

그냥 몸만 와. 내가 다 알아서 할게.

08 I'm also looking ______ this trip.

나도 이번 여행을 고대하고 있어.

09 He's ______ and getting out ______.

그분은 이중적이고 갈수록 감당이 안 돼.

10 The thing is you're not ______ to ______ to him.

네가 아부에 소질이 없는 것도 문제야.

정답 01. waiting / were we 02. Too bad / make time 03. make a reservation 04. be admitted / first-served 05. a hand 06. making excuses 07. yourself / care of 08. forward to 09. two-faced / of hand 10. cut out / kiss up

DAY 011~015

MP3와 저자 강의를 들어 보세요
영어회화 100일의 기적
DAY 011 ~ 020
DAY 011
MP3
녹음강의
동영상강의
DAY 012
DAY 013
DAY 014
초보탈출!

MP3 Day 011

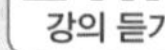

You've crossed the line

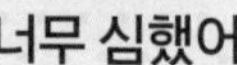

인간관계에 있어 서로에게 지켜야 하는 선이 있죠. 넘지 말아야 할 한계선(line)을 넘었기 때문에 '너무하다'라는 의미로 사용되는 표현입니다. You're out of line. 또는 You're too much.와 같이 말하기도 합니다.

• **유사표현 :** You've gone too far

A Please don't **give** me **a hard time**.

B It's not like* I asked you to* marry me or what.

A You just occasionally wanna have coffee or lunch?

B I hope we can **get back together** again.

A How could you **cheat on** me for that long?

B I must admit*, I've **crossed the line**.

A 나 좀 힘들게 하지 마세요.
B 당신에게 결혼해 달라고 한 것도 아니잖아요.
A 가끔 커피나 점심 먹자는 것뿐이에요?
B 우리가 다시 시작할 수 있기를 바라요.
A 어떻게 그렇게 오래 바람을 피울 수가 있어요?
B 솔직히 제가 좀 심했어요.

기타표현체크

• It's not like+주어+동사 ~인 것도 아니잖아
• ask sb to+동사원형 ~에게 …해 달라고 부탁하다
• I must admit+주어+동사 솔직히 ~하다

Mini Dialogues

❶ give sb a hard time ~를 힘들게 하다

A How did your job interview go?

B The interviewers gave me a hard time.

A 면접 어떻게 됐어?

B 면접관들이 정말 힘들게 했어.

❷ get back together (헤어진 후) 다시 만나다

A I hear you broke up with Jane. What's up?

B I don't think we'll be getting back together again.

A 제인하고 헤어졌다고 들었어. 무슨 일이야?

B 이제 다시는 만나는 일 없을 거야.

❸ cheat on sb 바람을 피우다

A I guess your wife is cheating on you.

B Really? How can you be so sure?

A 네 아내가 바람을 피우는 것 같은데.

B 정말? 어떻게 그렇게 확신하는 거야?

❹ cross the line 너무하다/선을 넘다

A Go away. I want to be alone for a while.

B I think you crossed the line this time.

A 저리로 가. 나 잠시 혼자 있고 싶어.

B 이번에는 네가 좀 지나친 것 같아.

MP3 Day 012

Are you sure?

정말이야?

상대방이 한 말을 믿기 어려울 때 내용이 확실한지 물어보는 표현입니다. 'Are you sure+주어+동사?'의 형태로도 사용되죠. '네가 한 게 확실해?'는 Are you sure you did that?과 같이 말하면 됩니다.

• **유사표현 : Are you serious?**

A I'd like to **put** my car **on the market**.

B **Are you sure?** What's the deal?*

A We don't need two cars anymore.

B What if* you have the car, and I have to go shopping?*

A We need to **cut back on** shopping.

B Honey, I think you should just **calm down** a little bit.

A 내 차를 시장에 내놓으려고 해.
B 정말이야? 대체 무슨 일인데?
A 더 이상 자동차가 두 대나 필요 없잖아.
B 당신이 차를 쓰고 있는데 내가 쇼핑 가야 되면 어떡해?
A 우린 쇼핑을 좀 줄여야 해.
B 자기야, 당신 잠시 진정 좀 해야 할 것 같아.

기타표현체크

• What's the deal? 무슨 일이야?
• go shopping 쇼핑하러 가다
• What if+주어+동사? ~하면 어떻게 되지?

❶ put sth on the market ~을 시장에 내놓다

A I put my house on the market last week.

B Where are you moving to?

A 지난주에 우리 집 내놨어.

B 어디로 이사 가는데?

❷ Are you sure? 정말이야?/확실해?

A Are you sure this is the right way?

B Yes. We'll be there in no time.

A 이쪽으로 가는 게 확실히 맞아?

B 그래. 곧 도착할 거야.

❸ cut back on sth ~을 줄이다

A Mom, I need some money to go bowling.

B From now on, we should cut back on spending.

A 엄마, 볼링 치러 가게 돈 좀 주세요.

B 이제부터 우린 소비를 줄여야 해.

❹ calm down 진정하다

A What should I do about the problem?

B Don't panic. Just calm down.

A 문제를 해결하려면 어떻게 해야 해?

B 당황하지 말고 침착해.

MP3 Day 013

Don't tell me what to do

잔소리 그만해

부모님이나 아내가 자식이나 남편에게 이래저래 간섭할 때 반항하는 목소리로 하는 말입니다. You can't tell me what to do.와 같이 말해도 됩니다.

• **유사표현 : Stop bossing me around**

A I'm gonna **have** my friend **over** tonight.

B **What's the occasion?** He's a friend from school?

A Yes, the real good kind*. We have a lot in common*.

B You can't tell me something like this on such short notice*.

A Mom, please don't **tell** me **what to do**.

B He's not coming. **Over my dead body!**

A 오늘 밤에 친구를 집에 초대하려고요.
B 무슨 일인데? 학교 친구니?
A 네, 정말 좋은 친구죠. 우린 공통점이 참 많아요.
B 그런 일을 그렇게 갑자기 얘기하면 안 되지.
A 엄마, 제발 잔소리 좀 하지 마세요.
B 친구는 못 온다. 절대로 안 돼!

기타표현체크

• the real good kind 좋은 부류
• have sth in common 공통점이 있다
• on such short notice 촉박하게/급하게

1 have sb over ~를 집에 초대하다

A I'll have you over for dinner sometime.

B Thank you. I'm looking forward to it.

A 조만간 저녁 식사에 초대할게요.

B 고마워요. 기대하고 있어요.

2 What's the occasion? 무슨 일이죠?/무슨 날이에요?

A What's the occasion? You set up the table yourself?

B Today's our 10th wedding anniversary.

A 무슨 날이야? 당신이 직접 밥상을 차렸어?

B 오늘이 우리 결혼 10주년이잖아.

3 tell sb what to do ~에게 잔소리 하다

A Why can't you do as you're told?

B You're too nosy. Don't tell me what to do.

A 시키는 대로 좀 하지 그래?

B 간섭이 너무 심해. 잔소리 좀 하지 마.

4 Over my dead body! 절대로 안 돼!

A Please allow me to marry your daughter.

B You can't marry her. Over my dead body!

A 따님과의 결혼을 허락해 주십시오.

B 자넨 내 딸과 결혼 못 해. 절대 안 돼!

MP3 Day 014

I called in sick

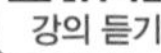

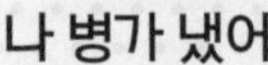

'몸이 아파서 침대에서 전화하다'라는 표현입니다. '그녀는 몸져누워 있다.'라고 할 때 She's sick in bed.라고 하죠. '병가를 내다'는 take a sick leave라고도 합니다.

• **유사표현 :** I took a sick day

A I'**m not feeling well** today, so I **called in sick**.

B I think you should **take a few days off**.

A I'd like to. **Thanks for your concern**.

B It's like you've been working 24/7* these days.

A I don't want to work overtime*, but it's the only way.

B I'm telling you*, nobody can stop you*.

A 오늘 몸이 안 좋아서 병가 냈어.
B 너 며칠 쉬어야 할 것 같아.
A 그러고 싶어. 걱정해 줘서 고마워.
B 요즘 밤낮으로 일만 하는 것 같더라.
A 야근하고 싶진 않은데, 방법이 없어.
B 정말이지, 아무도 널 못 말려.

기타표현체크

- 24/7 밤낮으로(around the clock)
- I'm telling you 정말이야
- work overtime 야근하다
- nobody can stop sb 아무도 ~를 못 말리다

❶ be not feeling well 몸이 좋지 않다

A What's wrong? Are you sick?

B I'm not feeling well. I can't shake off my cold.

A 왜 그래? 어디 아파?

B 몸이 좋지 않네. 감기가 떨어지질 않아.

---

❷ call in sick 병가를 내다

A I don't feel like working today. I'm gonna call in sick.

B Let's go to the movies together.

A 오늘은 일하기 싫어. 병가 내야겠어.

B 같이 영화나 보러 가자.

---

❸ take a few days off 며칠 쉬다

A Can I take a few days off next week?

B Okay, but look for someone who can fill in for you.

A 다음 주에 며칠 휴가를 내도 되나요?

B 좋아요. 하지만 업무를 대신해 줄 사람을 구하세요.

---

❹ Thanks for your concern 걱정해 줘서 고마워

A Take care of yourself and watch out for cars.

B Thanks for your concern.

A 몸조심하고 차 조심해.

B 걱정해 줘서 고마워요.

MP3 Day 015

What's up with your hair?

머리는 왜 그래?

What's (up) with sth?이라고 하면 '~은 대체 왜 그래요?'라는 뜻이죠. 평소와는 다르거나 뭔가 이상해 보일 때 궁금해서 물어보는 표현입니다.

• **유사표현 : What's wrong with your hair?**

A Hey, **what's up with** your hair**?**

B I overslept*. My office dinner* ended after midnight.

A You **are supposed to** make a presentation tomorrow.

B Can you **help** me **with** my work a little?

A Okay. Let's go over* your assignment first.

B Please **book** a meeting room **in advance**.

A 머리가 대체 왜 그래?
B 늦잠 잤어. 사무실 회식이 자정 넘어서 끝났거든.
A 너 내일 프레젠테이션 하기로 되어 있잖아.
B 내 업무 좀 도와줄 수 있어?
A 그래. 먼저 과제물부터 검토해 보자.
B 회의실부터 미리 예약해 줘.

기타표현체크

• oversleep 늦잠 자다
• office dinner 사무실 회식
• go over sth ~을 검토하다

❶ What's up with sth? ~은 대체 왜 그래?

A What's up with your face?

B My girlfriend left me yesterday.

A 너 얼굴이 왜 그래?

B 여자 친구가 어제 날 떠났어.

---

❷ be supposed to+동사원형 ~ 하기로 (예정)되어 있다

A I think we were supposed to get back together.

B I don't think we should see each other anymore.

A 우리 다시 시작하기로 했던 것 같은데요.

B 우리 그만 만나는 게 좋겠어요.

---

❸ help sb with+명사 ~가 …하는 걸 돕다

A Can I help you with your bag?

B No, thank you. I can handle it.

A 가방 좀 들어 드릴까요?

B 아뇨, 괜찮아요. 혼자 할게요.

---

❹ book sth in advance ~을 미리 예약하다

A I'm afraid we're fully booked then.

B We have to book at least 2 weeks in advance.

A 죄송하지만 그때는 예약이 꽉 찼습니다.

B 최소한 2주일 전에 미리 예약해야겠네요.

Review Quiz Day 011-015

01 Please don't give me a __________.

나 좀 힘들게 하지 마세요.

02 I must admit, I've __________ the line.

솔직히 제가 좀 심했어요.

03 I would like to put my car __________.

내 차를 시장에 내놓으려고 해.

04 We need to cut __________ shopping.

우린 쇼핑을 좀 줄여야 해.

05 I'm gonna have my friend __________ tonight.

오늘 밤에 친구를 집에 초대하려고요.

06 Please don't tell me __________.

제발 잔소리 좀 하지 마세요.

07 I'm not __________ today, so I called __________.

오늘 몸이 안 좋아서 병가 냈어.

08 I think you should take a few __________.

너 며칠 쉬어야 할 것 같아.

09 Could you help me with __________ a little?

내 업무 좀 도와줄 수 있어?

10 Please __________ a meeting room __________.

회의실부터 미리 예약해 줘.

정답 01. hard time 02. crossed 03. on the market 04. back on 05. over 06. what to do 07. feeling well / in sick 08. days off 09. my work 10. book / in advance

DAY 016~020

MP3와 저자 강의를 들어 보세요
100일 후에는 나도 영어로 말한다!
영어회화 100일의 기적
001 ~ 010
DAY
011 ~ 020
021 ~ 030
DAY 016
MP3
녹음강의
동영상강의
DAY 017
DAY 018
DAY 019
초보탈출!

Sounds good

좋은 생각이야

상대방이 어떤 제안을 할 때 동의하며 맞장구칠 때 사용하는 표현입니다. 상대의 의견에 동의할 때 Great idea., I agree with it., Sounds like a plan.과 같이 말할 수 있습니다.

• **유사표현 :** Sounds like a great idea

A What are you gonna do this weekend?

B I'll **take** my kids **outside** and play in the yard*.

A Why don't we go **catch a late-night movie** tomorrow?

B Sounds good, but I'm **signing up for** yoga class.

A Once you make a decision*, you **stick to** it.

B The clock is ticking. It's now or never*.

A 이번 주말에 뭐 할 거야?
B 애들 데리고 야외에 가서 뛰어놀려고.
A 내일 심야 영화 한 편 볼까?
B 좋은 생각인데, 요가 수강신청 하러 가야 해.
A 일단 결정하면 끝까지 밀고 가는구나.
B 시간이 흐르잖아. 지금 아니면 기회가 없어.

기타표현체크

• play in the yard 야외에서 놀다
• It's now or never 지금 아니면 안 돼
• make a decision 결심하다/결정하다

❶ take sb outside ~를 밖으로 데려 가다

A What are you doing tomorrow?

B I'm gonna take my kids outside for a picnic.

A 내일 무슨 계획 있어?

B 애들 데리고 야외로 소풍 가려고 해.

---

❷ catch a late-night movie 심야 영화를 보다

A Have you made up your mind?

B We've decided to catch a late-night movie together.

A 너희들 결정했어?

B 함께 심야 영화 보기로 했어요.

---

❸ sign up for sth ~을 신청하다

A I'm signing up for the gym next month.

B Wow, you're starting to work out again.

A 다음 달에 헬스 클럽에 등록할 거야.

B 와우, 너 다시 운동 시작하는구나.

---

❹ stick to sth ~을 계속하다/고수하다

A How do you keep in shape?

B I stick to my diet and exercise a lot.

A 어떻게 몸매 관리를 하세요?

B 다이어트를 꾸준히 하고 운동을 많이 해요.

MP3 Day 017

This is ridiculous

말도 안 돼

강의 듣기

눈앞에서 벌어진 어떤 상황을 받아들이기 어려울 때 사용하는 표현입니다. You can't be serious. 또는 No way.와 같이 말하기도 합니다.

• 유사표현 : This can't be happening

A I **got a flat tire** while **dropping off** my son at school.

B Again? It happened two months ago.

A Yeah, and now my car won't start. **This is ridiculous**.

B **Maybe you should** call your insurance company*.

A I'm going to be a little late to work*.

B OK. I'll tell your immediate supervisor*.

A 아들 학교 데려다주다 타이어 펑크가 났어.
B 또? 두 달 전에도 그랬잖아.
A 그래, 게다가 시동도 안 걸려. 말도 안 돼.
B 보험회사에 전화해야겠네.
A 출근이 조금 늦어질 것 같아.
B 알았어. 네 상사에게 보고할게.

기타표현체크

- the insurance company 보험회사
- immediate supervisor 직속 상사
- be late to work 출근이 늦다

1 get a flat tire 타이어 펑크가 나다

A I got a flat tire on my way to work.

B That explains why you were late this morning.

A 출근하다가 타이어 펑크가 났어.

B 그래서 오늘 아침에 늦었구나.

2 drop sb off ~를 차에서 내려 주다

A Would you drop me off in front of my house?

B No problem. Let me know when we're almost there.

A 우리 집 앞에서 내려 주실래요?

B 알았어요. 도착할 때쯤 알려 줘요.

3 This is ridiculous 말도 안 된다/어이가 없다

A That's my final price. Take it or leave it.

B This is ridiculous. It's way too expensive.

A 마지막 가격입니다. 사든지 말든지 하세요.

B 말도 안 돼요. 너무 비싸요.

4 Maybe you should +동사원형 ~하는 게 좋을 거야

A It seems I drink like a fish these days.

B Maybe you should go easy on the drinks.

A 나 요즘 술을 너무 많이 마시는 것 같아.

B 술 좀 적당히 마시는 게 좋을 거야.

MP3 Day 018

I'm booked solid

일정이 꽉 찼어

숙소 예약이나 개인 일정 등이 '꽉 찼다'는 의미의 표현입니다. '바빠서 시간을 내기 어렵다'는 뜻으로 I'm fully booked., My hands are tied.와 같이 말하기도 합니다.

• **유사표현 :** My schedule is really tight

A It's hard to **reach** you by phone.

B Sorry. I haven't had time to **return calls**.

A Do you remember we're going for a drink* tonight?

B Yes, but can I **take a rain check**?

A You can't break our promise* this time.

B I'**m booked solid** today. My head's gonna explode*.

A 너랑 통화하기 정말 힘들다.
B 미안. 전화해 줄 시간이 없었어.
A 오늘 저녁에 술 약속한 거 기억하지?
B 그래. 근데 다음 기회로 미루면 안 될까?
A 이번에는 약속 깨뜨리면 안 돼.
B 오늘 스케줄이 꽉 찼어. 머리가 터질 것 같아.

기타표현체크

- go for a drink 술 마시러 가다
- explode (감정, 폭탄이) 폭발하다
- break one's promise 약속을 어기다

1 reach sb ~와 연락이 되다

A How can I reach you?

B You can contact me by email or phone.

A 당신에게 어떻게 연락을 하죠?

B 이메일이나 전화로 연락하세요.

2 return a call 회신 전화를 하다

A This is Mr. Kim returning your call.

B Oh, yes. I've been expecting your call.

A Mr. Kim인데요, 전화하셨다면서요.

B 아, 네. 당신 전화 기다리고 있었어요.

3 take a rain check 다음 기회로 미루다

A What about coming over for dinner this evening?

B Thanks for inviting me, but can I take a rain check?

A 오늘 저녁 먹으러 우리 집에 올래?

B 초대는 고마운데 다음에 하면 안 될까?

4 be booked solid 스케줄(예약)이 꽉 찼다

A I'd like to book a room from July 23rd through 25th.

B We're booked solid for the next two weeks.

A 7월 23일부터 25일까지 방을 예약하려고 하는데요.

B 앞으로 2주일 동안 예약이 꽉 찼습니다.

Time to call it a day

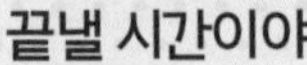

call it a day는 '하루 일과를 마치다'라는 표현이죠. 퇴근 시간이 임박하거나 지났을 때 Let's call it a day., Let's leave for the day., Let's wrap it up.과 같이 말할 수 있습니다.

• 유사표현 : That's it for the day

A Could you come here a sec?

B Speak of the devil*, **what's up?**

A Your boss is asking for* the report.

B One moment*, I'll **sneak out** of the meeting.

A Look, it's almost 6. Time to **call it a day**.

B Okay, I'll **wrap** things **up** in 5 minutes.

A 잠깐만 이쪽으로 와 볼래?
B 호랑이도 제 말 하면 온다더니, 무슨 일이야?
A 사장님이 보고서를 찾고 계셔.
B 잠시만, 회의 중인데 살짝 빠져나올게.
A 벌써 6시가 다 됐어. 마감할 시간이야.
B 알았어. 5분 내로 마무리할게.

기타표현체크

- speak of the devil 호랑이도 제 말 하면 온다더니
- ask for sth ~을 요구하다/~을 찾다
- one moment 잠시만요

Mini Dialogues

❶ What's up? 무슨 일이죠?

A I heard you called. What's up?

B My father passed away last night.

A 전화하셨다면서요. 무슨 일이죠?

B 제 아버지께서 어젯밤에 돌아가셨어요.

❷ sneak out 몰래 빠져나가다

A I used to sneak out of the house at night back in school.

B Your parents must have been concerned about you.

A 학창 시절에 밤에 집에서 몰래 나가곤 했어.

B 너희 부모님이 걱정 많이 하셨겠네.

❸ call it a day 하루를 마감하다

A I've been working for 8 straight hours.

B Let's call it a day and go grab a bite.

A 8시간 내내 일했어.

B 오늘은 그만하고 뭐 좀 먹으러 가자.

❹ wrap sth up ~을 마무리하다

A I think we all agree with this plan.

B Let's wrap things up and see everyone tomorrow.

A 모두 이 계획에 찬성하는 것 같네요.

B 여기서 마무리하고 내일 뵙죠.

I will pay more attention

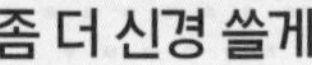

MP3 Day 020

pay attention to sth은 '~에 주의를 기울이다'라는 표현이죠. 같은 의미로 give attention to sth도 사용됩니다. 반면, '신경 쓰지 않다'라는 뜻으로 I don't care. 또는 I couldn't care less.와 같은 표현이 있습니다.

A It's like you **worry about** the kids too much.

B Don't be silly*. There's a good reason for that.

A When I was their age, I **used to** disappear for hours.

B Times have changed*. We **can't take** our **eyes off** them.

A Okay, I will **pay** more **attention**.

B Your room is a mess*. Please help me clean it.

A 당신이 애들 걱정을 너무 하는 것 같아.
B 바보 같은 소리 마요. 그럴 이유가 있어요.
A 내가 저 나이 땐 몇 시간씩 사라지곤 했어.
B 세상이 변했잖아요. 애들한테서 눈을 떼면 안 돼요.
A 알았어. 좀 더 신경 쓸게.
B 당신 방이 엉망이에요. 치우는 것 좀 도와줘요.

기타표현체크

- Don't be silly 바보 같이 굴지 마
- sth is a mess (~의 상태가) 엉망이다
- Times have changed 세상이 달라졌어

1 worry about sb/sth ~에 대해 걱정하다

A That's not what we ordered.

B Don't worry about it. It's on the house.

A 우리가 주문한 게 아닌데요.

B 걱정 마세요. 서비스입니다.

---

2 used to+동사원형 (과거에) ~하곤 했다

A I used to be a heavy smoker, but I quit two years ago.

B Good for you. Now you look healthier than before.

A 예전에 골초였는데 2년 전에 담배를 끊었어요.

B 잘하셨네요. 이제 예전보다 더 건강해 보여요.

---

3 can't take eyes off sb/sth ~에서 눈을 떼지 못하다

A I fell in love with her at first sight.

B That's why you can't take your eyes off her.

A 첫눈에 그녀와 사랑에 빠져 버렸어요.

B 그래서 그녀에게서 눈을 떼지 못하는군요.

---

4 pay attention to sb/sth ~에 관심을 기울이다

A Don't pay attention to him. He always says stupid things.

B Exactly. I can't stand him anymore.

A 그 녀석한테 관심 주지 마. 항상 엉뚱한 소리만 해.

B 그러게. 나도 이제 더 이상 못 참겠어.

Review Quiz Day 016-020

01 Why don't we go catch a __________ movie tomorrow?

내일 심야 영화 한 편 볼까?

02 __________ good, but I'm __________ for yoga class.

좋은 생각인데, 요가 수강신청 하러 가야 해.

03 I got a __________ tire while __________ my son at school.

아들 학교 데려다주다 타이어 펑크가 났어.

04 I'll __________ your immediate supervisor.

네 상사에게 보고할게.

05 Can I take a __________?

다음 기회로 미루면 안 될까?

06 I'm __________ today. My head's gonna explode.

오늘 스케줄이 꽉 찼어. 머리가 터질 것 같아.

07 One moment. I'll __________ of the meeting.

잠시만. 회의 중인데 살짝 빠져나올게.

08 I'll __________ things up in 5 minutes.

5분 내로 마무리할게.

09 When I was their age, I __________ disappear for hours.

내가 저 나이 땐 몇 시간씩 사라지곤 했어.

10 I will pay more __________.

좀 더 신경 쓸게.

정답 01. late-night 02. Sounds / signing up 03. flat / dropping off 04. tell 05. rain check
06. booked solid 07. sneak out 08. wrap 09. used to 10. attention

DAY 021~025

MP3와 저자 강의를 들어 보세요
100일 후에는 나도 영어로 말한다!
영어회화 100일의 기적
011 ~ 020
DAY
021 ~ 030
031 ~ 040
DAY
021
MP3
녹음강의
동영상강의
DAY
022
DAY
023
DAY
024
초보탈출!

Not to worry

걱정 마

상대방에게 '걱정 안 해도 돼.'라고 안심시킬 때 사용하는 표현입니다. 간단히 No worries.와 같이 말해도 됩니다.

• 유사표현 : Please don't worry

A Have you ever committed any crimes*?

B Absolutely not. I've never broken the law*.

A **What if** someone **blackmails** you **into** something**?**

B In that case, I'll report to the police*.

A Actually, I'm in a real sticky situation*.

B **Not to worry**. I'll **keep an eye on** you.

A 혹시 범죄를 저지른 적 있어요?
B 물론 없죠. 법을 어겨 본 적이 없어요.
A 누가 당신을 협박하면 어떻게 하실래요?
B 그런 경우엔 경찰에 신고해야죠.
A 사실, 제가 곤란한 상황에 처했어요.
B 걱정 마세요. 내가 지켜봐 줄게요.

기타표현체크

• commit a crime 범죄를 저지르다
• report to the police 경찰에 신고하다
• break the law[rules] 법[규정]을 어기다
• be in a sticky situation 어려운 상황에 처하다

1 What if+주어+동사? ~하면 어떻게 되죠?

A What if it rains tomorrow?
B Let's wait until the rain stops.

A 내일 비가 오면 어떻게 되죠?
B 비가 그칠 때까지 기다립시다.

---

2 blackmail sb into+(동)명사 ~하라고 협박하다

A That guy blackmailed me into doing it.
B Get a lawyer, or you could get in trouble.

A 저 남자가 나에게 그 일을 하라고 협박했어요.
B 변호사를 구하세요. 그렇지 않으면 곤란해질 수 있어요.

---

3 Not to worry 걱정 마세요

A We're about to run out of cash.
B Not to worry. We can use this credit card.

A 우리 현금이 다 떨어지려고 해.
B 걱정 마. 이 신용카드 사용하면 돼.

---

4 keep an eye on sb/sth ~을 지켜보다

A Your son is in critical condition.
B We need to keep a close eye on him.

A 아드님이 위독한 상태입니다.
B 우리가 잘 지켜봐야 되겠네요.

Let's go for a drive

드라이브 가자

'~하러 가다'는 'go for a+명사' 또는 'take a+명사'와 같이 표현할 수 있어요. 예를 들어, '산책하러 가자.'는 Let's go for a walk. 또는 Let's take a walk.와 같이 말할 수 있습니다.

• 유사표현 : Let's take a drive

A Let's **go for a drive** after the movie.

B Sure. What movies are playing* now?

A Have you seen* *Interview* by any chance*?

B I thought it would be good, but **was taken in by** the ad.

A You**'re** not **allowed to** tell me the story.

B Got it. **Hurry up**, or we'll be late.

A 영화 끝나고 드라이브 하러 가자.
B 좋아. 지금 무슨 영화가 상영 중인데?
A 혹시 〈인터뷰〉라는 영화 봤어?
B 재미있을 줄 알았는데, 광고에 속았어.
A 영화 줄거리 미리 말하지 마.
B 알았어. 서두르지 않으면 늦겠어.

기타표현체크

• play (TV, 영화를) 상영하다
• by any chance 혹시라도
• Have you p.p.? ~한 적 있어?

1 go for a drive 드라이브 가다

A I'm a little bored. Let's go for a drive.

B OK. I'll drive and you can navigate.

A 좀 심심한데 드라이브나 가자.

B 좋아. 내가 운전할 테니 넌 길을 안내해.

---

2 be taken in by sb/sth ~에(게) 속다

A How come you believed him?

B I was taken in by his smooth manners.

A 왜 넌 그 사람을 믿었어?

B 그의 세련된 매너에 속은 거지.

---

3 be allowed to+동사원형 ~하는 것이 허용되다

A Do you mind if I smoke?

B You're not allowed to smoke here.

A 담배 피워도 되나요?

B 여기서 담배를 피우시면 안 돼요.

---

4 hurry up 서두르다

A Hurry up, or you'll miss the flight.

B Relax. There's no rush.

A 서둘러, 그렇지 않으면 비행기 놓친다고.

B 진정해. 서두르지 않아도 돼.

Just throw away

갖다 버려

throw away는 직역하면 '던져 버리다'라는 뜻인데, '쓰레기 등을 버리다'라는 의미로 사용됩니다. '버리다'라는 의미의 동사로 dump를 사용하기도 합니다.

• 유사표현 : Put them in the trash can

A I want to **see if** she wants to come back.

B After **splitting up**, it's good to go your separate ways*.

A Should I give back the things she got me?

B Just throw them away*. **What's the point of keeping them?**

A I have no idea* how I can get over her*.

B I'll **set** you **up with** a nice girl from my class.

A 그녀가 돌아오고 싶어 하는지 알고 싶어.
B 헤어진 후엔 각자 길을 가는 게 좋아.
A 걔가 나한테 사 준 물건을 돌려줘야 하나?
B 그냥 버려. 보관하는 게 무슨 소용 있어?
A 그녀를 어떻게 잊을 수 있을지 모르겠어.
B 우리 반에 있는 멋진 여자를 소개시켜 줄게.

기타표현체크

- go one's separate ways 각자의 길을 가다
- have no idea 전혀 모르겠다
- throw away 버리다
- get over sb ~를 잊다/극복하다

1 see if+주어+동사 ~인지 확인해 보다

A I came here to see if you're free.

B I'm busy at the moment. I've got work to do.

A 네가 시간이 되는지 보려고 왔어.

B 지금은 바빠. 할 일이 좀 있어.

2 split up (남녀가) 헤어지다

A Did you hear that they split up?

B I saw that coming. They started off on the wrong foot.

A 걔네들 헤어졌다는 소식 들었니?

B 그럴 줄 알았어. 시작부터 잘못된 관계였어.

3 What's the point of -ing? ~하는 것이 무슨 소용 있어?

A What's the point of learning English if you can't speak?

B That's why we should practice speaking a lot.

A 말을 못할 거면 영어 배우는 게 무슨 소용 있어?

B 그러니까 말하기 연습을 엄청 해야 하는 거지.

4 set A up with B A에게 B를 소개시켜 주다

A Could you set me up with someone nice?

B What type of woman do you like?

A 좋은 사람 있으면 소개시켜 주세요.

B 어떤 타입의 여자를 좋아하는데?

MP3 Day 024

Here we go again

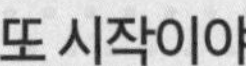

또 시작이야

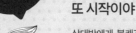

상대방에게 불쾌감을 주는 상황이나 같은 행동이 반복될 때 사용하는 표현입니다. '정말 못 말리겠군.', '또 시작이야.'와 같은 의미로 사용됩니다.

• **유사표현** : There you go again

A Are you sure this is what you want to do?

B Don't you get it? I have **made** that **clear**.

A **I hate to say this, but** you're dead wrong*.

B If you don't trust me, **count** me **out**.

A Oh, no. Here we go again*.

B What I want you to do* is **take** some **action**.

A 이게 정말 당신이 원한 거예요?
B 이해 안 돼요? 난 분명히 말했어요.
A 이런 말하기 싫지만, 당신이 완전히 틀렸어요.
B 날 믿지 못할 거라면 날 빼 주세요.
A 아이고, 또 시작이군요.
B 내가 바라는 건 뭐든 조치를 취하는 거예요.

기타표현체크

• dead wrong 완전히 틀린
• what I want you to do 당신에게 원하는 것
• Here we go again (불평) 또 시작이군

❶ make sth clear ~을 분명히 하다

A I made it clear that I objected.

B No one understood what you were saying.

A 난 반대한다는 의사를 분명히 했어.

B 누구도 네 말을 이해하지 못했어.

---

❷ I hate to say this, but 이런 말하기 싫지만

A I hate to say this, but I've got to go.

B It's a shame you have to leave so soon.

A 이런 말 하고 싶지 않지만, 난 가야 해.

B 이렇게 빨리 떠나야 한다니 아쉬워.

---

❸ count sb/sth out ~를 제외시키다

A Why did you count me out?

B I thought you were not interested.

A 왜 날 제외시켰어?

B 네가 관심이 없는 줄 알았지.

---

❹ take action 조치를 취하다

A This is the right time to take action.

B You're right. It's now or never.

A 지금이 바로 조치를 취할 때야.

B 맞아. 지금 아니면 기회가 없어.

Let it go

신경 꺼

'지나간 일은 신경 쓰지 마.'라는 뜻의 표현입니다. '지난 일은 잊어버려.'라는 의미로 Let bygones be bygones. 또는 It's water under the bridge.와 같이 표현하기도 합니다.

• **유사표현 : Forget about it**

A **I owe** you **an apology**. I forgot your birthday.

B Come on. Let it go*.

A I promise **it'll never happen again**.

B No problem. It could happen to* anyone.

A I want to **make up for** missing it.

B Forget it*. I don't want to **twist your arm**.

A 사과할 게 있어. 네 생일을 깜빡했어.
B 뭐 그런 걸 다. 신경 쓰지 마.
A 다시는 이런 일 없을 거야.
B 괜찮아. 누구나 그럴 수 있지.
A 네 기념일을 놓친 걸 보상하고 싶어.
B 됐어. 엎드려 절 받기는 사양할래.

기타표현체크

- let it go 그냥 둬요/잊어버려요
- Forget it 됐어/신경 쓰지 마
- happen to sb (어떤 일이) ~에게 일어나다

1 owe sb an apology ~에게 사과할 게 있다

A I owe you an apology. Sorry to cause you trouble.

B Trouble? It was nothing.

A 사과드릴 게 있어요. 폐를 끼쳐 미안해요.

B 폐라니요? 별거 아니에요.

2 It'll never happen again 다신 이런 일 없을 거야

A It's my mistake. It'll never happen again.

B That's OK, but try to be more careful next time.

A 제 실수예요. 다시는 이런 일 없을 거예요.

B 괜찮아요, 하지만 다음에는 좀 주의해 주세요.

3 make up for sth ~을 보상하다/만회하다

A I totally messed up my essay questions.

B But you can make up for it in the final exam.

A 난 논술형 시험에서 완전 망쳤어.

B 하지만 기말고사에서 만회할 수 있잖아.

4 twist one's arm 억지로 강요하다/엎드려 절 받다

A I'm not going to the party. Stop twisting my arm.

B Just make an excuse and leave early.

A 나 파티에 안 갈 거야. 그만 강요해.

B 그냥 핑계 대고 일찍 일어나면 돼.

Review Quiz Day 021-025

01 What if someone ________ you ________ something?
누가 당신을 협박하면 어떻게 하실래요?

02 Not to worry. I'll ________ you.
걱정 마세요. 내가 지켜봐 줄게요.

03 Let's go ________ after the movie.
영화 끝나고 드라이브 하러 가자.

04 You're not ________ tell me the story.
영화 줄거리 미리 말하지 마.

05 Just ________. What's the ________ of keeping them?
그냥 버려. 보관하는 게 무슨 소용 있어?

06 I'll set you ________ a nice girl from my class.
우리 반에 있는 멋진 여자를 소개시켜 줄게.

07 Don't you get it? I have ________ that ________.
이해 안 돼요? 난 분명히 말했어요.

08 If you don't trust me, ________.
날 믿지 못할 거라면 날 빼 주세요.

09 I owe you ________. I forgot your birthday.
사과할 게 있어. 네 생일을 깜빡했어.

10 I want to ________ for missing your anniversary.
네 기념일을 놓친 걸 보상하고 싶어.

정답 01. blackmails / into 02. keep an eye on 03. for a drive 04. allowed to 05. throw them away / point 06. up with 07. made / clear 08. count me out 09. an apology 10. make up

DAY 026~030

MP3와 저자 강의를 들어 보세요
100일 후에는 나도 영어로 말한다!
영어회화 100일의 기적
DAY
021 ~ 030
011 ~ 020
031 ~ 040
DAY 026
MP3
녹음강의
동영상강의
DAY 027
DAY 028
DAY 029
초보탈출!

Now you're talking

MP3 Day 026

바로 그거야

서로 다른 얘기를 하다가 어느 순간 대화의 물꼬가 트일 때 하는 말이죠. '바로 그거야.' 또는 '이제야 말이 통하는군.'과 같은 뜻으로 사용되는 표현입니다.

• **유사표현 :** You're talking my language

A Why **are** you **in a hurry**? Just slow down*.

B I **can't wait to** get married and live with you.

A **Just because** we go out* **doesn't mean** we have to get married.

B I see what you mean. **Take whatever** time **you need**.

A Now you're talking.

B People say that we're a good match*.

A 왜 이렇게 서둘러요? 천천히 하세요.
B 빨리 결혼해서 당신과 살고 싶어요.
A 사귄다고 해서 결혼해야 하는 건 아니잖아요.
B 무슨 뜻인지 알아요. 시간을 충분히 가져요.
A 이제야 말이 통하는군요.
B 남들은 우리가 잘 어울린다고 하던데요.

기타표현체크

• slow down 속도를 늦추다
• good match 좋은 상대/배우자
• go out (남녀가) 사귀다

1 be in a hurry 서두르다/바쁘다

A Can you help me finish this report?

B Sorry, I can't. I'm in a hurry.

A 나 보고서 쓰는 것 좀 도와줄래?

B 미안, 안 되겠는데. 좀 바쁘거든.

---

2 can't wait to+동사원형 ~하고 싶어 죽겠다

A Because we are a weekend couple, we meet once a week.

B I bet you can't wait to see your family.

A 우리는 주말 부부라서 일주일에 한 번 만나요.

B 가족이 정말 보고 싶겠네요.

---

3 Just because A doesn't mean B

A 하다고 해서 B 하는 것은 아니다

A Just because you're rich doesn't mean you can waste your money.

B Right. Money doesn't grow on trees.

A 부자라고 해서 돈을 낭비해도 된다는 것은 아니야.

B 그래요. 돈이 쉽게 생기는 게 아니죠.

---

4 take whatever ~ you need[want]

편한 대로 하세요

A Can I borrow one of these books?

B Sure, take whatever you want

A 책 한 권 빌려가도 되나요?

B 물론이죠. 편한 대로 가져가세요.

You're all dressed up

짝 빼입었네

be dressed up은 '차려입다'라는 표현이죠. 반대로 간편하게 입었다면 You're dressed down.이라고 말하면 됩니다. all은 형용사의 뜻을 강조할 때 사용하는데, '너 정말 섹시하다.'는 You're all sexy.와 같이 말하면 됩니다.

• 유사표현 : You're dressed to kill

A You're all dressed up for the interview today.

B You know what they say, "Clothes make the man*."

A It looks like you got a new suit.

B I haven't bought a new one in six years.

A That's where you've changed. You used to wear wash-and-wear*.

B Just drop it*! Let's wait and see how the result comes out*.

A 오늘 면접 때문에 빼입었구나.
B 옷이 날개라는 말도 있잖아.
A 새 양복 구입한 거 같은데.
B 6년 동안 새 정장을 사지 않았어.
A 그 점이 네가 달라진 거야. 넌 싸구려 옷만 입었잖아.
B 그만 좀 해! 면접 결과가 어떻게 나올지 지켜보자.

기타표현체크

• clothes make the man 옷이 날개다
• drop it 됐어/그만해
• wash-and-wear (물빨래해서 입는) 싸구려 옷
• come out (결과가) 나오다

1 be dressed up 차려입다/빼입다

A What's the occasion? You're all dressed up.

B I have a job interview at 10 o'clock.

A 무슨 일 있어요? 쫙 빼입었네요.

B 10시에 취업 면접이 있어요.

2 haven't p.p. +in 기간 ~동안 …하지 않았다

A Let's grab a bite to eat. How about a pizza?

B You read my mind. We haven't had pizza in a while.

A 간단히 뭐 좀 먹자. 피자 어때?

B 내 마음을 읽었구나. 피자 먹은 지 좀 됐지.

3 That's where +주어+동사 그 부분이 ~하는 거야

A I think money talks!

B That's where you're wrong.

A 돈으로 안 되는 게 어디 있어!

B 넌 거기서 틀린 거야.

4 wait and see 두고 보다/지켜보다

A You're not able to live up to our expectations.

B Just wait and see. I'll show you what I'm made of.

A 넌 우리 기대에 부응하지 못할 거야.

B 두고 봐. 내가 어떤 사람인지 보여 줄 테니.

Suit yourself!

맘대로 해!

상대방이 의사를 물을 때 '마음대로 하세요.' 또는 '편할 대로 하세요.'라고 말할 때 사용하는 표현이죠. '너만 좋다면 상관없어.'라는 의미로 Whatever you say.(네 말대로 할게.)와 같이 말하기도 합니다.

• 유사표현 : Knock yourself out!

A Honey, **what do you think of** these sunglasses?

B You're **going on a vacation** or something?

A Give me a break*. I was just trying them out*.

B I'm gonna **take** our kids **to** the ice cream stand.

A OK. Let's meet in the food court when I'm done.

B **Suit yourself**. Don't buy anything on impulse*.

A 자기야, 이 선글라스 어때?
B 휴가라도 떠나려는 거야 뭐야?
A 한 번만 봐줘. 착용만 해 볼게.
B 난 애들을 아이스크림 코너에 데려갈게.
A 알았어. 볼일 끝나고 푸드코트에서 만나.
B 좋을 대로 해. 충동구매는 하지 마.

기타표현체크

• Give me a break 한 번만 봐줘
• buy sth on impulse 충동구매하다
• try sth out (시험 삼아) 착용하다

1 What do you think of sb/sth? ~를 어떻게 생각해?

A What do you think of his acting?

B I don't think he's cut out to be an actor.

A 그의 연기를 어떻게 생각해?
B 그는 배우로서 소질이 없는 것 같아.

2 go on a vacation 휴가를 떠나다

A We've been arguing about where to go on a vacation.

B I'm so jealous of you. Have a nice trip anyway.

A 우린 휴가를 어디로 갈지 논쟁 중이야.
B 정말 부럽다. 어쨌든 잘 다녀와.

3 take sb to+장소 ~를 …에 데리고 가다

A I plan to take her to a nice restaurant this weekend.

B You have to take me to lunch first.

A 이번 주말에 그녀를 근사한 식당에 데려가려고.
B 나 점심부터 사 줘야지.

4 Suit yourself 마음대로 해

A Mind if I join you?

B I can't tell you what to do. Suit yourself.

A 내가 같이 가도 될까?
B 뭐라고 말 못하겠네. 마음대로 해.

MP3 Day 029

Let's get wasted

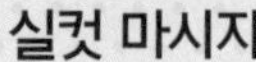

실컷 마시자

get wasted는 '진탕 마시다'라는 표현입니다. 유사한 의미로 get plastered, get hammered 또는 '밤을 불태우다'라는 뜻으로 paint the town red와 같은 표현도 있습니다.

• **유사표현 : Let's get plastered**

A I can't remember a thing* about last night.

B Me, neither. I'**m in the mood for** a beer tonight.

A Again? I'm suffering from* a terrible hangover.

B Let's go get hangover soup* before **hitting the bars**.

A Perfect. Let's **get wasted** tonight.

B I'll **get the bill** this time.

A 어젯밤 일은 하나도 기억이 안나.
B 나도 그래. 저녁에 맥주 한잔 하고 싶다.
A 또야? 난 숙취 때문에 고생하고 있는데.
B 술 마시러 가기 전에 해장국 좀 먹자.
A 좋아. 오늘 밤에 진탕 마셔 보자.
B 이번에는 내가 살게.

기타표현체크

• can't remember a thing 아무 기억이 안 나다
• suffer from sth ~으로 고통받다
• hangover soup 해장국(hangover chaser)

1 be in the mood for sth ~을 하고 싶은 기분이다

A I'm in the mood for a movie. Any recommendations?

B I'm not really in the mood. I had a bad day today.

A 영화 보고 싶은데 추천할 거 있어?
B 그럴 기분 아니야. 오늘 재수 없는 날이거든.

---

2 hit the bars 술 마시러 가다

A You stayed up all night hitting the bars.

B I've got a bad hangover from mixing my drinks.

A 어제 날 새도록 술 마셨구나.
B 술을 섞어 마셔서 머리가 많이 아파요.

---

3 get wasted 만취하다

A One more round of beers.

B No more. I got completely wasted.

A 맥주 한 잔만 더 하러 가자.
B 그만 마시자. 나 엄청 취했어.

---

4 get the bill (음식 값을) 지불하다

A I don't think I have enough to pay.

B You're short? I'll get the bill for this.

A 지불할 돈이 충분하지 않네.
B 금액이 부족해요? 내가 낼게요.

MP3 Day 030

It's no big deal

별일 아니야

'별일 아니야.', '대단한 일 아니야.'라는 뜻으로 자주 사용되는 표현입니다. 유사한 의미로 It's nothing., No big deal., No biggie.와 같은 표현이 있습니다.

• **유사표현 : It's not a big problem**

A Our kids always **fight over nothing**.

B **It's no big deal**. Never mind*.

A I agree with* you to some degree*, but I'm a little sensitive.

B They **have** no **trouble adjusting** to* school life?

A Yes, I guess so.

B I bet they'll **grow up to be** great people.

A 우리 애들은 맨날 사소한 일로 싸워.
B 별일 아니야. 신경 쓰지 마.
A 어느 정도 동의하는데, 내가 좀 예민한가 봐.
B 학교 생활에 적응하는 데는 문제 없어?
A 응, 그런 거 같아.
B 우리 애들은 커서 훌륭한 사람이 될 거야.

기타표현체크

• Never mind 신경 쓰지 마
• to some degree 어느 정도까지
• agree with sb ~에게 동의하다
• adjust to+(동)명사 ~에 적응하다

❶ fight over nothing 사소한 일로 싸우다

A They fight over nothing every time they see each other.

B I worry so much about their future.

A 걔네들은 만날 때마다 별거 아닌 일로 싸워.
B 커서 뭐가 될지 걱정이야.

---

❷ It's no big deal 별일 아니다

A She was late again and I waited for over an hour.

B It's no big deal. Women are always late.

A 그녀가 또 늦어서 한 시간 넘게 기다렸어요.
B 별일 아니네요. 여자들은 항상 늦거든요.

---

❸ have trouble -ing ~하는 데 어려움을 겪다

A I'm having trouble learning English.

B Most of all, you have to practice speaking a lot.

A 난 영어 배우는 데 어려움을 겪고 있어.
B 무엇보다도 말하기 연습을 많이 해야 해.

---

❹ grow up to be+명사 커서 ~가 되다

A What do you want to be when you grow up?

B I want to grow up to be a teacher.

A 너는 커서 뭐가 되고 싶니?
B 전 커서 선생님이 되고 싶어요.

Review Quiz Day 026-030

01 Why are you __________? You need to __________.

왜 이렇게 서둘러요? 천천히 하세요.

02 Take whatever time __________.

시간을 충분히 가져요.

03 You're all __________ for the interview today.

오늘 면접 때문에 빼입었구나.

04 I haven't bought a new suit __________.

난 6년간이나 새 정장을 사지 않았어.

05 Honey, what do you __________ these sunglasses?

자기야, 이 선글라스 어때?

06 I'm gonna take __________ the ice cream stand.

난 애들을 아이스크림 코너에 데려갈게.

07 I'm in __________ a beer tonight.

저녁에 맥주 한잔 하고 싶다.

08 Let's go get __________ before hitting __________.

술 마시러 가기 전에 해장국 좀 먹자.

09 It's __________. Never mind.

별일 아니야. 신경 쓰지 마.

10 They have __________ adjusting to school life?

학교생활에 적응하는 데는 문제 없어?

정답 01. in a hurry / slow down 02. you need 03. dressed up 04. in six years 05. think of 06. our kids to 07. the mood for 08. hangover soup / the bars 09. no big deal 10. no trouble

DAY 031~035

MP3와 저자 강의를 들어 보세요
영어회화 100일의 기적
021 ~ 030
DAY 031 ~ 040
041 ~ 050
DAY 031
MP3
녹음강의
동영상강의
DAY 032
DAY 033
DAY 034
초보탈출!

MP3 Day 031

What's wrong with it?

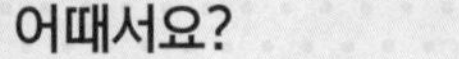

뭐 어때서요?

상대방이 문제를 제기할 때 '대체 왜 그래요?'와 같이 말할 때 사용할 수 있는 표현입니다. '날 좀 내버려 둬.'는 보통 Leave me alone.과 같이 말하고 '참견 마세요.'는 간단히 Don't butt in.이라고도 합니다.

• **유사표현 : What's the problem?**

A Your skirt is way too* short.

B **What's wrong with it?**

A You're not wearing that to the party*.

B Mom! You don't **have an eye for** fashion.

A You're impossible*. You **look good in** everything.

B Please stop! You never **take my side** at all.

A 너 치마 길이가 너무 짧아.
B 그게 뭐 어쨌다는 거예요?
A 너 그 옷 입고 파티에 못 갈 거야.
B 엄마! 엄마는 패션 감각이 없어요.
A 못 말리겠네. 넌 아무거나 입어도 잘 어울려.
B 그만하세요! 내 편은 전혀 안 들어 주시잖아요.

기타표현체크

• way too+형용사　너무 ~하다
• You're impossible　넌 구제불능이야
• wear sth to the party　~을 입고 파티에 가다

1 What's wrong with it? 뭐 어때서요?

A Something fishy is going on around here.

B Why? What's wrong with it?

A 뭔가 수상한 냄새가 나는데.

B 왜? 뭐가 어쨌다는 거야?

2 have an eye for sth ~에 대한 안목이 있다

A You really have an eye for color.

B I just bought what the clerk recommended.

A 넌 정말 색감에 대한 안목이 있어.

B 그냥 점원이 추천해 준 거 산 거야.

3 A look good in B A에게 B가 잘 어울리다

A I bought a new sweater today.

B You look good in blue.

A 오늘 새 스웨터 장만했어.

B 넌 파란색이 잘 어울려.

4 take one's side ~의 편을 들다

A Why did you take my side against him?

B Since I agree with you.

A 왜 그에게 반대하고 제 편을 드셨나요?

B 당신 의견에 동의하니까요.

MP3 Day 032

I stayed up all night

밤을 꼬박 새웠어

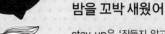

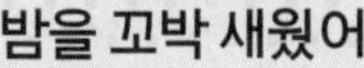

stay up은 '잠들지 않고 늦게까지 깨어 있다'라는 표현인데요. 새벽까지 공부하거나 아픈 사람을 간호하면서 뜬눈으로 지샐 때 사용하죠. '늦은 시간까지 깨어 있다'라는 표현은 stay up late라고 하면 됩니다.

• **유사표현 : I pulled an all-nighter**

A I had to **stay up all night** cramming* for the finals*.

B Now it's party time. **Live it up**.

A Is it OK if I invite someone to the party?

B As long as it's not Henry. He's such a party pooper*.

A OK. We might as well **keep it a secret** from him.

B Come on! Let's **get a move on**!

A 기말고사 때문에 벼락치기 하느라 밤샜어.
B 이제 파티 할 때야. 맘껏 즐기자고.
A 다른 사람을 초대해도 괜찮을까?
B 헨리만 아니면 돼. 분위기 깨는 친구거든.
A 좋아. 걔한텐 비밀로 하는 게 낫겠다.
B 자! 어서 서둘러야지!

기타표현체크

• cram 벼락치기를 하다
• the finals 기말고사
• party pooper 분위기 망치는 사람

1 stay up all night 밤을 새우다/날새기하다

A You look pale. What's up?

B My child was sick, so I stayed up all night.

A 너 얼굴이 창백해. 무슨 일 있어?

B 우리 아이가 아파서 밤을 샜거든.

---

2 live it up 신나게 즐기다/(돈을 펑펑 쓰며) 살다

A Please tell me how he is getting along.

B He's living it up with the inheritance from his parents.

A 그 사람 근황을 알려 주세요.

B 부모님 유산으로 인생을 즐기며 살고 있죠.

---

3 keep it a secret 비밀로 하다

A They're not married, but they're living together.

B Keep it a secret until they announce it officially.

A 그들은 결혼한 사이는 아니고 같이 살고 있어.

B 걔들이 공식적으로 발표할 때까지 비밀로 해.

---

4 get a move on 서두르다

A You have to be at school in 20 minutes.

B Well, I'd better get a move on.

A 너 20분 안에 학교 가야 해.

B 빨리 서두르는 게 좋겠다.

MP3 Day 033

Watch your language

말조심해

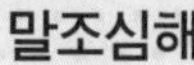

상대방이 말을 함부로 할 때 '말조심하세요.'라고 한마디 해 줘야겠죠. Watch what you're saying. 또는 Watch your tongue.과 같이 표현해도 됩니다. 친구나 손아랫사람에게는 간단히 Language!와 같이 말하기도 합니다.

• 유사표현 : Watch your mouth

A Why did you hurt her feelings*?

B I **didn't mean to**.

A **Watch your language** and don't swear* ever again.

B I'm sorry. I'll **keep** that **in mind**.

A How many times do I have to* tell you the same thing?

B I **don't know what to say**.

A 왜 그녀를 속상하게 했어?
B 일부러 그런 건 아니야.
A 말조심하고 다시는 욕하지 마.
B 미안해. 명심할게.
A 대체 몇 번이나 같은 얘길 해야겠니?
B 뭐라고 할 말이 없다.

기타표현체크

• hurt one's feelings ~의 감정을 상하게 하다
• swear 욕을 하다
• How many times do I have to+동사원형? 대체 몇 번을 ~해야 하니?

❶ didn't mean to+동사원형 일부러 ~한 건 아니다

A Why didn't you obey the speed limit?

B I didn't mean to break the rules.

A 왜 제한 속도를 준수하지 않았어요?

B 규정을 어기려고 한 건 아니었어요.

---

❷ Watch your language 말조심해

A It's none of your business!

B Watch your language! You can't talk like that.

A 네가 상관할 바 아니잖아!

B 말조심해! 그렇게 말하면 안 되지.

---

❸ keep sth in mind 명심하다/기억해 두다

A Tomorrow is our wedding anniversary.

B Oh, is it? I'll keep that in mind.

A 내일이 우리 결혼기념일이에요.

B 오, 그래? 잊지 않을게.

---

❹ don't know what to say 뭐라고 할 말이 없다

A When are you gonna come to your senses?

B I don't know what to say.

A 언제 정신 차릴 거야?

B 뭐라고 할 말이 없네요.

Don't even think about it

MP3 Day 034

꿈도 꾸지 마

실현 가능성이 전혀 없는데 기대부터 잔뜩 하는 사람에게 쓰는 말입니다. '꿈도 야무져.' 또는 '김칫국 마시지 마라.'와 일맥상통하는 표현이죠. '김칫국 마시지 마라.'는 Don't count your chickens.라고 합니다.

• **유사표현 : In your dreams**

A **Are** you **attracted to** her?

B This is embarrassing, but I'm really into* her.

A **Don't even think about it**. She's out of your league*.

B Is she seeing someone?

A I'm sorry to say that she's already taken*.

B I'm just gonna **ask** her **out**. **It won't hurt to try**.

A 너 그녀에게 끌리는 거니?
B 좀 창피하긴 한데 그녀에게 푹 빠졌어.
A 꿈도 꾸지 마. 너한테 과분한 여자야.
B 사귀는 사람이 있는 거야?
A 안됐지만 벌써 임자가 있어.
B 데이트 신청이나 해 봐야지. 손해 볼 건 없잖아.

기타표현체크

• be into sb/sth ~에 빠지다/좋아하다
• out of one's league ~에게 과분한
• already taken 이미 임자가 있는

1 be attracted to sb ~에게 매력을 느끼다

A What do you see in her?

B I was attracted to her inner beauty.

A 그녀의 어떤 면이 좋아?

B 그녀의 내면의 아름다움에 끌렸어.

2 Don't even think about it 꿈도 꾸지 마

A Can I use your car for a day?

B Don't even think about it.

A 네 차 하루만 빌려도 될까?

B 꿈도 꾸지 마.

3 ask sb out ~에게 데이트 신청하다

A Did you ask her out last night?

B Yes, but she turned me down.

A 어젯밤에 그녀에게 데이트 신청 했어?

B 응, 근데 거절당했어.

4 It won't hurt to try 손해 볼 건 없다/밑져야 본전이다

A What's the use of asking for help?

B It won't hurt to try.

A 도움 청해 봐야 무슨 소용 있어?

B 밑져야 본전이잖아.

My back is killing me

허리 아파 죽겠어

'~가 날 아프게 해'라는 표현을 'sth+be동사+killing me'라고 해요. Queen의 노래 중에 *Too much love will kill you*라는 제목이 있죠. '너무 깊은 사랑은 가슴 아프다'라는 의미의 표현입니다.

• 유사표현 : My back hurts a lot

A How long will it take to get the shopping done?

B I'm almost done*. It'll just take a second*.

A I've had it*. My back **is killing me**.

B You'd better go **get some rest** in the lounge.

A Two hours have passed **in the blink of an eye**.

B **Cut** me **some slack**, please.

A 쇼핑 끝나려면 얼마나 걸려?
B 거의 다 됐어. 얼마 안 걸릴 거야.
A 더 이상 못 참아. 허리 아파 죽겠어.
B 너 휴게실 가서 좀 쉬는 게 낫겠다.
A 두 시간이 눈 깜짝할 사이에 지났어.
B 내 사정 좀 봐줘.

기타표현체크

• be almost done 거의 다 했다
• have had it (with sth) ~에 질리다
• It'll take a second 얼마 안 걸릴 거야

Mini Dialogues

1 신체부위 is killing me ~가 아파 죽겠어

A I had a cold and my throat is killing me.

B Why not go see a doctor?

A 감기 걸려서 목이 아파 죽겠어요.

B 의사한테 가 보는 게 어때?

---

2 get some rest 휴식을 취하다

A I've suffered from a headache for the last two days.

B Why don't you go home early and get some rest?

A 지난 이틀간 심한 두통에 시달렸어.

B 일찍 집에 가서 좀 쉬지 그래?

---

3 in the blink of an eye 눈 깜짝할 사이에

A I think our kids grow up so fast.

B Time flies in the blink of an eye.

A 우리 애들 정말 빨리 자라는 것 같아.

B 시간이 눈 깜짝할 사이에 지나가지.

---

4 cut sb some slack ~의 사정을 봐주다

A Can you pay back my money within a week?

B I'm totally broke. Would you cut me some slack?

A 일주일 안에 내 돈 갚을 수 있어?

B 나 빈털터리야. 좀 봐주면 안 돼?

Review Quiz Day 031-035

01 Honey, you ______________ in everything
넌 아무거나 입어도 잘 어울려.

02 You never take ______________ at all.
내 편은 전혀 안 들어 주시잖아요.

03 I had to ______________ all night cramming for the finals.
기말고사 때문에 벼락치기 하느라 밤샜어.

04 We might as well keep it ______________.
걔한텐 비밀로 하는 게 낫겠다.

05 Watch ______________ and don't ______________ ever again.
말조심하고 다시는 욕하지 마.

06 ______________ do I have to tell you the same thing?
대체 몇 번이나 같은 얘길 해야겠니?

07 Don't ______________ about it. She's out of your league.
꿈도 꾸지 마. 너한테 과분한 여자야.

08 I'm just gonna ask ______________. It won't hurt ______________.
데이트 신청이나 해 봐야지. 손해 볼 건 없잖아.

09 I've had it. My back ______________ me.
더 이상 못 참아. 허리 아파 죽겠어.

10 Two hours have passed in the ______________ an eye.
두 시간이 눈 깜짝할 사이에 지났어.

정답 01. look good 02. my side 03. stay up 04. a secret 05. your language / swear 06. How many times 07. even think 08. her out / to try 09. is killing 10. blink of

DAY 036~040

MP3와 저자 강의를 들어 보세요
100일 후에는 나도 영어로 말한다!
영어회화 100일의 기적
021 ~ 030
DAY 031 ~ 040
041 ~ 050
DAY 036
MP3
녹음강의
동영상강의
DAY 037
DAY 038
DAY 039
초보탈출!

I'll see what I can do

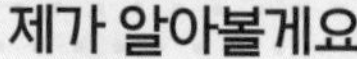

제가 알아볼게요

MP3 Day 036

강의 듣기

누가 부탁을 했을 때 곧바로 대답하기 어려운 경우에 사용하는 표현입니다. '가능한지 알아보고 알려 주겠다.'라는 의미죠. 들어 주기 어려운 부탁은 바로 거절하는 것보다 이렇게 신중하게 대답하는 것도 좋습니다.

• **유사표현** : Let me look into it

A Can you **take out the garbage** on your way out*?

B No problem. I'll get it.

A What are you planning to do after school?

B I'm **hanging out with** my friends at the pizza place*.

A My car broke down*. I need to get it fixed by tomorrow.

B I'll **see what I can do**, but **don't get your hopes up**.

A 나가면서 쓰레기 좀 버려 줄래?
B 알았어요. 제가 버릴게요.
A 학교 수업 끝나고 뭐할 거니?
B 친구들하고 피자 가게에서 놀려고요.
A 내 차가 고장 났거든. 내일까지 고쳐야 해.
B 제가 알아볼게요. 너무 기대하진 마세요.

기타표현체크

• on one's way out 나가는 길에
• break down (기계가) 고장 나다
• pizza place 피자 가게

1 take out the garbage 쓰레기를 버리다

A Can you take out the garbage, son?

B In a minute, mom.

A 아들아, 쓰레기 좀 버려 줄래?

B 금방 갈게요, 엄마.

---

2 hang out with sb ~와 어울려 놀다

A Don't hang out with bad friends.

B Who are you to lecture me?

A 나쁜 친구들하고 어울리지 마.

B 네가 뭔데 나한테 설교하는 거야?

---

3 see what I can do (가능한지) 알아보다

A Can you attend the meeting instead of me?

B Wait a minute. I'll see what I can do.

A 제 대신에 회의 좀 참석해 줄 수 있어요?

B 잠시만요. 가능한지 한번 볼게요.

---

4 Don't get your hopes up 너무 기대하지 마세요

A I hope to get a raise this year.

B Don't get your hopes up.

A 올해 급여가 인상되면 좋겠어.

B 너무 기대는 하지 마.

What took you so long?

MP3 Day 037

왜 이렇게 늦었어?

'왜 그렇게 오래 걸렸어?'라는 말입니다. Why로 질문을 할 것 같지만 원어민들은 What으로 시작하는 표현을 즐겨 씁니다. '뭐가 그렇게 바빠?'라는 표현을 What makes you so busy?라고 말하는 것처럼 말이죠.

• 유사표현 : Why were you so late?

A **What took you so long?**

B I **got stuck in traffic** near the City Hall.

A Traffic is heavy* at this time of day*.

B I **got caught speeding** yesterday.

A **Nothing is working out** for you these days.

B I've been through a lot* in the past few weeks.

A 왜 이렇게 늦었어?
B 시청 근처에서 차가 엄청 막혔어.
A 하루 중 이 시간에는 교통이 혼잡해.
B 어제는 속도위반으로 단속에 걸렸다니까.
A 너 요즘 되는 일이 없구나.
B 지난 몇 주간 많은 일을 겪었지.

기타표현체크

• traffic is heavy 차가 밀리다
• at this time of day 하루 중 이 시간에
• be through a lot 많은 일을 겪다/경험하다

1 What took you so long? 왜 이렇게 늦었어?

A You're always late. What took you so long?

B I had a fender-bender on the way.

A 넌 항상 늦어. 왜 이렇게 늦었어?

B 오다가 접촉 사고가 났어.

2 get stuck in traffic 차가 막히다

A Will we be able to catch the flight?

B Yes, if we don't get stuck in traffic.

A 비행기를 탈 수 있을 것 같아요?

B 네, 차가 막히지 않는다면 말이죠.

3 get caught speeding 속도위반으로 걸리다

A Did you hear he got caught speeding?

B Yes. He said he had to pay a fine.

A 그가 속도위반으로 걸렸다면서?

B 그래. 벌금을 내야 한다고 하던데.

4 Nothing is working out 되는 일이 없다

A My computer got a virus and went down.

B Nothing is working out for you today.

A 컴퓨터가 바이러스 걸리더니 멈춰 버렸어.

B 너 오늘 되는 일이 없구나.

Anything good happen?

무슨 좋은 일 있어?

상대방의 표정이 좋아 보일 때 사용하는 표현입니다. Anything good을 응용하여 다양하게 표현할 수 있는데, '볼 만한 TV 프로그램 있어?'라고 물어볼 때에는 Anything good on TV?와 같이 말하면 됩니다.

• 유사표현 : Is there any good news?

A **Anything good happen** today?

B Wow! How could you tell*?

A It'**s written all over your face**.

B My son **got accepted to** Harvard Business School.

A That's good news. You deserve to* take all the credit*.

B Thanks. **Everything is under control**.

A 오늘 무슨 좋은 일 있어요?
B 와! 그걸 어떻게 알았죠?
A 당신 얼굴에 다 쓰여 있어요.
B 우리 아들이 하버드 경영대에 합격했어요.
A 좋은 소식이네요. 모두 당신 공이에요.
B 고마워요. 모든 게 순조롭게 진행되고 있어요.

기타표현체크

• tell 알아차리다/구별하다
• take the credit 공(업적)을 차지하다
• deserve to+동사원형 ~할 자격이 있다

❶ Anything good happen? 무슨 좋은 일 있어?

A Anything good happen today?

B I opened my own restaurant yesterday.

A 오늘 무슨 좋은 일 있어요?
B 어제 제 식당을 오픈했어요.

❷ be written all over one's face

얼굴에 다 쓰여 있다

A Believe me, I am telling you the truth.

B Don't lie to me. It's written all over your face.

A 정말이야, 난 사실대로 말하고 있어.
B 거짓말하지 마. 얼굴에 다 쓰여 있다구.

❸ get accepted to+학교(회사)

~에 합격하다/입학 허가를 받다

A I got accepted to a large company.

B Good for you! This calls for a celebration.

A 나 대기업에 합격했어.
B 잘했어! 축하할 일이네.

❹ Everything is under control 모든 일이 잘 진행되다

A How is the house-hunting going?

B Everything is under control.

A 집 보러 다니는 거 어떻게 돼 가?
B 모든 게 잘 진행되고 있어.

MP3 Day 039

It's coming up

얼마 안 남았어

기념일이나 중요한 날이 '얼마 남지 않았다'라고 말할 때 쓰는 표현이죠. TV나 영화를 볼 때 다음 편이 '곧 상영됩니다.'라고 할 때 Coming up이라는 표현을 들을 수 있습니다.

• **유사표현 :** It's just around the corner

A Do you want insurance coverage*?

B Yes. I don't want to **take a** big **risk**.

A **When is** your baby **due** anyway**?**

B It's coming up*. It's about 3 months away.

A Let's **get together** for lunch sometime.

B **Sounds like a plan**.

A 보험 들려고요?
B 네. 큰 위험을 감수하고 싶지 않아요.
A 그나저나 출산 예정일이 언제예요?
B 곧 다가와요. 3개월 정도 남았어요.
A 언제 만나서 점심 식사 한번 해요.
B 좋은 생각이에요.

기타표현체크

• insurance coverage 보험
• sth is coming up 곧 ~가 다가온다

1 take a risk 모험을 하다/위험을 감수하다

A Please leave me out of this project.

B You don't wanna take a big risk, huh?

A 이 프로젝트에서 날 제외시켜 줘.

B 큰 모험은 하지 않고 싶구나, 그치?

2 When is sb/sth due? ~의 마감일[예정일]이 언제죠?

A When is your report due?

B It's due tomorrow. I'm not sure if I can make it.

A 보고서는 기한이 언제까지야?

B 내일까지인데 할 수 있을지 모르겠어.

3 get together 모이다/만나다

A I almost forgot your face. Let's get together soon.

B Since you bring it up, let's set a date now.

A 얼굴 잊어버리겠어요. 조만간 만나요.

B 말 나온 김에, 지금 날짜 잡읍시다.

4 Sounds like a plan 좋은 생각이야

A What do you think of my idea?

B Sounds like a plan to me.

A 제 아이디어 어떻게 생각하세요?

B 좋은 생각 같네요.

Let me out over there

MP3 Day 040

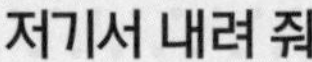

저기서 내려 줘

let me out은 '안에서 밖으로 내보내 주다'라는 의미이지만 '차에서 내려 주다'라는 표현으로도 사용됩니다. 반면에 문 밖에서 안으로 '들여보내 주세요.'는 Please let me in.이라고 합니다.

• **유사표현 : Drop me off over there**

A Please take me to* this address.

B Sure. **If it's all right, I'd like to** take a short cut*.

A That's fine, but please **step on it**.

B It'll take 20 minutes at this time*.

A Could you **let** me **out** over there?

B All right. Here we are. **Enjoy your stay**

A 이 주소로 가 주세요.
B 네. 괜찮으시면 지름길로 갈게요.
A 좋아요. 하지만 빨리 가 주세요.
B 이 시간에는 20분 정도 걸립니다.
A 저기에서 내려 주시겠어요?
B 자. 다 왔습니다. 즐거운 시간 되세요.

기타표현체크

• take sb to+장소　~를 …로 데려가다
• take a short cut　지름길로 가다
• at this time　지금 시간에는

❶ If it's all right, I'd like to+동사원형

괜찮다면 ~하고 싶어요

A If it's all right, I'd like to come along with you.

B Why not? I'll see you at 7.

A 괜찮다면 제가 따라가고 싶어요.

B 안 될 거 없죠. 7시에 만나요.

---

❷ step on it (자동차) 속도를 내다/빨리 가다

A I have a flight to catch at 3. Step on it, please.

B I don't want to get a ticket for speeding.

A 3시에 탈 비행기가 있어요. 좀 밟아 주세요.

B 전 과속 딱지를 떼이고 싶지 않은데요.

---

❸ let sb out (차에서) 내려 주다

A Please let me out at the next light.

B Sure, no problem.

A 다음 신호등에서 내려 주세요.

B 네, 알겠습니다.

---

❹ Enjoy your stay 즐거운 시간 되세요

A I hope you enjoy your stay here.

B Thanks for your help with my bags.

A 머무시는 동안 즐거운 시간 되세요.

B 가방 들어 주셔서 감사합니다.

Review Quiz Day 036-040

01 Can you ________________ the garbage on ________________?

나가면서 쓰레기 좀 버려 줄래?

02 I'm ________________ with my friends at the pizza place.

친구들하고 피자 가게에서 좀 놀려고요.

03 I got ________________ near the City Hall.

시청 근처에서 차가 엄청 막혔어.

04 Nothing ________________ for you these days.

너 요즘에 되는 일이 없구나.

05 It's written all over ________________.

당신 얼굴에 다 쓰여 있어요.

06 I think everything ________________.

모든 게 순조롭게 진행되고 있어요.

07 I don't want to ________________.

큰 위험을 감수하고 싶지 않아요.

08 Let's ________________ for lunch sometime.

언제 만나서 점심 식사 한번 해요.

09 If it's all right, I'd like to take ________________.

괜찮으시면 지름길로 갈게요.

10 Could you ________________ over there?

저기에서 내려 주시겠어요?

정답 01. take out / your way out 02. hanging out 03. stuck in traffic 04. is working out 05. your face 06. is under control 07. take a big risk 08. get together 09. a short cut 10. let me out

DAY 041~045

MP3와 저자 강의를 들어 보세요
영어회화 100일의 기적
DAY
041 ~ 050
DAY 041
MP3
녹음강의
동영상강의
DAY 042
DAY 043
DAY 044
초보탈출!

MP3 Day 041

She was upset

그녀가 화났어

upset은 누군가에게 속상하거나 화가 났을 때 사용하는 표현입니다. '화가 나다'라는 의미로 lose one's temper, blow one's top과 같은 표현도 사용할 수 있습니다.

• **유사표현 : She was mad**

A Why does she look so sad?

B Probably because I **made fun of** her, so she was upset*.

A What did you say?

B Gold digger*. **That's what** people **say**.

A I think you've **got** her **wrong**.

B I think I'm gonna **call** her **back** and apologize*.

A 그녀가 왜 슬퍼 보이지?
B 내가 놀려서 화난 것 같아.
A 뭐라고 했는데?
B 돈만 밝힌다고. 사람들이 그러던데.
A 네가 그녈 오해한 것 같아.
B 그녀에게 다시 전화해서 사과해야겠다.

기타표현체크

• be upset 화가 나다
• apologize 사과하다
• gold digger 돈 많은 남자를 쫓는 여자

1 make fun of sb/sth ~를 놀리다

A I made fun of his new hairstyle.

B Grow up! Go and apologize to him.

A 내가 그의 새 헤어스타일을 놀렸어.

B 철 좀 들어! 그에게 가서 사과해.

---

2 That's what sb say[think] ~가 그렇게 말하지[생각하지]

A I think she's interested in me.

B No way. That's what you think.

A 그녀가 나한테 관심이 있는 것 같아.

B 말도 안 돼. 그건 네 생각이지.

---

3 get sb wrong ~를 오해하다

A Are you saying that I'm fat?

B Don't get me wrong. No offense.

A 내가 뚱뚱하다고 말하는 거야?

B 내 말 오해하지 마. 악의는 없었어.

---

4 call sb back ~에게 다시 전화하다

A Is this a bad time to talk?

B Yes. I'll call you back as soon as I can.

A 지금 통화하기 어려운가요?

B 네. 최대한 빨리 전화 드릴게요.

You're all talk

MP3 Day 042

강의 듣기

넌 늘 말뿐이야

행동은 안하고 늘 말뿐인 사람에게 사용하면 좋은 표현입니다. 유사한 의미로 You're all talk and no action.과 같이 말하거나 '말은 쉽지.'라고 말할 때는 It's easy for you to say.와 같이 표현합니다.

• **유사표현 : You only play lip service**

A Wow! Your English score went up*.

B I wasn't sure about* a few questions, so I **took a guess**.

A How did you get such a great score?

B The key is to* **put everything aside** and study.

A I **tried everything**, but nothing worked.

B That's hard to believe. You**'re all talk**.

A 와! 네 영어 점수가 올라갔네.
B 몇 문제는 잘 몰라서 대충 찍었어.
A 어떻게 그렇게 좋은 점수를 받았어?
B 비결은 만사를 제쳐 두고 공부하는 거지.
A 열심히 했는데 결과가 안 좋아.
B 믿을 수 없어. 넌 항상 말뿐이잖아.

기타표현체크

- go up (점수, 가격이) 오르다
- be not sure about sth ~에 대해 잘 모르겠다
- The key is to+동사원형 비결은 ~하는 것이다

1 take a guess 대충 맞추다/찍다

A How old are you?

B Take a wild guess. How old do I look?

A 몇 살이세요?

B 대충 맞춰 보세요. 몇 살처럼 보여요?

2 put everything aside 만사를 제쳐 두다

A I know you're busy, but please come to my office.

B Busy or not, I'll put everything aside and come.

A 바쁜 줄 알지만 내 사무실로 좀 와 줘.

B 바쁘더라도 만사 제쳐 두고 갈게요.

3 try everything 모든 노력을 다하다

A I tried everything, but failed to get a job.

B Don't give up yet. There must be some way.

A 백방으로 노력했지만, 일자리를 못 구했어요.

B 아직 포기하지 마세요. 방법이 있을 거예요.

4 be all talk 항상 말뿐이다

A I've decided to start going on a diet.

B You're all talk and no action.

A 나 다이어트 시작하기로 결심했어.

B 넌 말뿐이고 행동은 안 하잖아.

I go along with that

MP3 Day 043

강의 듣기

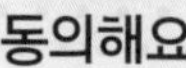

동의해요

상대의 의견에 동의하는 표현으로 '함께 가다', '당신 편이다'와 같이 말할 수 있는데요, I'm with you., I'm on your side.와 같이 표현하면 보다 구어체다운 느낌을 전달할 수 있습니다.

• **유사표현 : I agree with you**

A Are you learning English these days?

B I just started. I think it'll help with* my future.

A It'll probably **take a while** before you get fluent.

B **Now that you mention it**, I'm **getting cold feet**.

A No worries*. They say "Well begun is half done*."

B I **go along with** that.

A 너 요즘 영어 배우고 있니?
B 이제 시작했어. 미래에 도움이 될까 해서.
A 유창해지려면 시간이 좀 걸릴 거야.
B 그렇게 말하니까 좀 두려워지는데.
A 걱정 마. 시작이 반이라는 말도 있잖아.
B 그 말에 동감이야.

기타표현체크

• help with sth ~에 도움을 주다
• Well begun is half done 시작이 반이다
• No worries 걱정하지 마

Mini Dialogues

1 take a while 시간이 좀 걸리다

A Did you get your car fixed yet?
B Not yet. I think it'll take a while.

A 자동차 수리 받았어?
B 아직. 시간이 좀 걸릴 것 같아.

---

2 Now that you mention it 얘기가 나와서 말인데

A Now that you mention it, I'm kind of hungry.
B I'm not in the mood to eat.

A 얘기가 나와서 말인데, 나 좀 배고프다.
B 난 별로 생각이 없는데.

---

3 get cold feet (긴장해서) 겁을 먹다

A I always get cold feet before a blind date.
B Hey, you have to stand tall.

A 난 항상 소개팅하기 전에 너무 긴장돼.
B 이봐, 자신감을 가져.

---

4 go along with sth ~에 동의하다

A Our boss is very demanding at times.
B I go along with that.

A 우리 사장님은 가끔 요구 사항이 너무 많아.
B 그 말에 동의해.

MP3 Day 044

I'm sick of this

완전 질렸어

강의 듣기

무언가에 지겹거나 진절머리가 날 때 사용하는 표현입니다. '생각만 해도 지긋지긋해.'는 Just thinking of it makes me sick.과 같이 말하면 됩니다.

• **유사표현 : I'm sick and tired of this**

A **Why the** upset tone in your voice**?**

B Our wedding photos are all messed up*.

A **Good thing** we didn't pay for* it yet.

B I chose this studio because I heard it was popular.

A You must have really **freaked out**.

B I'**m sick of** complaining about* this.

A 왜 화난 목소리야?
B 우리 웨딩 사진이 엉망이 됐어.
A 아직 결제를 안 해 줘서 다행이야.
B 이 스튜디오가 인기 있다고 해서 선택한 건데.
A 너 정말로 기겁했나 보구나.
B 이런 걸로 불평하는 거 질렸어.

기타표현체크

• be messed up 망치다/엉망이 되다
• pay for sth ~에 대해 지불하다
• complain about sth ~에 대해 불평하다

1 Why the + 명사? 왜 ~인 거야?

A Why the long face?

B I had an argument with my wife.

A 왜 우울한 표정이야?

B 아내하고 말다툼했어.

---

2 Good thing 주어 + 동사 ~라서 다행이다/~하길 잘했다

A The rain is coming down outside.

B Good thing we came home early.

A 밖에 비가 쏟아지고 있어.

B 집에 일찍 와서 정말 다행이야.

---

3 freak out 기겁하다/식겁하다

A Please stop ignoring my texts.

B Every word you say is freaking me out.

A 제발 내 문자 좀 씹지 마.

B 너의 모든 말들이 날 놀라게 하잖아.

---

4 be sick of + (동)명사 ~에 질리다/싫증나다

A Don't you think it's unfair?

B Please, stop. I'm sick of your complaints.

A 불공평하다고 생각하지 않아?

B 그만 좀 해. 네 불평에 정말 질렸어.

MP3 Day 045

What brings you here?

여긴 어쩐 일이야?

어떤 장소에서 아는 사람을 만났을 때 무슨 용무로 왔는지 묻는 표현이죠. bring 대신에 과거형을 사용해서 What brought you here?와 같이 말해도 됩니다.

• **유사표현 :** What are you doing here?

A **What brings you here?**

B I **was in the neighborhood** and came by*.

A Great. **I'm so glad** you came here.

B I'm starving*. Have you had lunch?

A No. Let's go **grab a bite to eat**.

B Do you have a favorite hangout* around here?

A 여긴 어쩐 일이세요?
B 근처에 왔다가 들렀어요.
A 잘했어요. 방문해 줘서 기뻐요.
B 배가 많이 고픈데 점심은 드셨어요?
A 아뇨. 나가서 간단히 뭐 좀 먹죠.
B 근처에 자주 다니시는 데 있나요?

기타표현체크

• come by 잠시 들르다
• starving 몹시 배고픈
• favorite hangout 단골집/자주 가는 곳

1 What brings you here? 여긴 어쩐 일이죠?

A What brings you here?

B I was invited, just like you.

A 여긴 어쩐 일이세요?
B 당신처럼 초대받았어요.

---

2 be in the neighborhood (볼일 있어) 근처에 오다

A I was in the neighborhood and dropped by to say hello.

B Thanks for your visit.

A 근처에 왔다가 인사나 하려고 들렀어요.
B 방문해 줘서 고마워요.

---

3 I'm (so) glad 주어+동사 ~해서 기뻐요/반가워요

A I'm so glad that you're my friend.

B Same here. I'm on your side.

A 네가 내 친구라서 너무 좋아.
B 나도 그래. 난 네 편이잖아.

---

4 grab a bite to eat 간단히 요기를 하다

A We don't have much time. Let's grab a bite to eat.

B Why don't we order in Chinese food?

A 시간이 많지 않아. 간단히 뭐 좀 먹자.
B 중국 음식 배달시켜 먹는 게 어때?

Review Quiz Day 041-045

01 Probably I made ________________ her, so she was upset.
내가 그녀를 놀려서 화난 것 같아.

02 I think I'm gonna call her ________________ and ________________.
그녀에게 다시 전화해서 사과해야겠다.

03 I wasn't sure about a few questions, so I took ________________.
몇 문제는 잘 몰라서 대충 찍었어.

04 The key is to put ________________ and study.
비결은 만사를 제쳐 두고 공부하는 거지.

05 It'll probably ________________ before you get fluent.
유창해지려면 시간이 좀 걸릴 거야.

06 Now that you ________________, I'm getting cold feet.
그렇게 말하니까 좀 두려워지는데.

07 Why ________________ in your voice?
왜 화난 목소리야?

08 ________________ we didn't pay for it yet.
아직 결제를 안 해 줘서 다행이야.

09 I was in the ________________ and came by.
근처에 왔다가 들렀어요.

10 Let's go grab a ________________.
나가서 간단히 뭐 좀 먹죠.

정답 01. fun of 02. back / apologize 03. a guess 04. everything aside 05. take a while 06. mention it 07. the upset tone 08. Good thing 09. neighborhood 10. bite to eat

DAY 046~050

MP3와 저자 강의를 들어 보세요
100일 후에는 나도 영어로 말한다!
영어회화 100일의 기적
DAY
041 ~ 050
DAY 046
MP3
녹음강의
동영상강의
DAY 047
DAY 048
DAY 049
초보탈출!

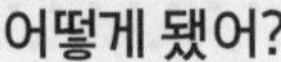

MP3 Day 046

How did it go?

어떻게 됐어?

동사 go는 '어떤 일이나 상황이 진행되다'라는 의미를 갖고 있죠. '요즘 하는 일 어때?'는 How is it going? 또한, 상황이 어떻게 되어 가는지 물을 때 What's going on?과 같이 표현할 수 있습니다.

• **유사표현** : How was it?

A **When was the last time** you **got a medical checkup?**

B Two months ago. I get it at my company every year.

A **How did** it **go** this time?

B Not good. My blood pressure* went up* a bit.

A You've **been under a lot of stress** lately.

B I should take good care of* my health.

A 마지막으로 건강검진 한 게 언제죠?
B 2개월 전에요. 매년 회사에서 받아요.
A 이번에 결과가 어떻게 나왔어요?
B 좋진 않아요. 혈압이 조금 올라갔어요.
A 최근에 스트레스를 많이 받았잖아요.
B 건강을 더 각별히 돌봐야겠어요.

기타표현체크

• blood pressure 혈압
• take good care of sb/sth ~을 각별히 보살피다
• go up (수치, 혈압이) 올라가다

1 When was the last time+주어+과거동사?

마지막으로 ~한 게 언제죠?

A When was the last time you emailed me?

B Let me see. Two days ago.

A 저한테 마지막으로 이메일 보낸 게 언제죠?

B 어디 보자. 이틀 전이네요.

---

2 get a medical checkup 건강검진을 받다

A I have to go to the dentist to get a regular checkup.

B You're taking good care of your teeth.

A 치과에 정기 검진 받으러 가야 해요.

B 치아 관리를 잘 하고 계시네요.

---

3 How did sth go? 결과가 어떻게 되었나요?

A How did your exam go?

B I don't think I did well.

A 시험 결과는 어떻게 됐어?

B 그렇게 잘 본 것 같지는 않아.

---

4 be under a lot of stress 스트레스를 많이 받다

A I've been under a lot of stress at work these days.

B Take it a little easier for a while.

A 요즘에 일 때문에 엄청 스트레스 받고 있어.

B 당분간 좀 쉬엄쉬엄하세요.

MP3 Day 047

Math's not my thing

수학은 싫어

'~를 싫어하다' 또는 '취향이 아니다'라는 뜻의 표현입니다. '그녀는 내 취향이 아니야.'와 같이 사람이 대상일 때는 She is not my type.과 같이 말할 수 있고, 사물인 경우 Music is not my taste.(난 음악은 별로야.)처럼 표현할 수도 있습니다.

• **유사표현 :** It's not my cup of tea

A Can you help me with* my math homework?

B Sorry, I can't. **My hands are full.**

A Math tests **are not what they used to be.**

B What can I say?* You have to get used to* it.

A Math **is not my thing**, but English is my favorite.

B If so, you should **play to your strengths.**

A 내 수학 숙제 좀 도와줄 수 있어?

B 미안하지만 안 되겠어. 지금 좀 바빠.

A 수학 시험이 예전 같지 않은데.

B 어쩌겠어? 적응하는 수밖에 없지.

A 수학은 나하고 안 맞아. 영어는 좋아하는데.

B 그렇다면, 네 강점을 살려 봐.

기타표현체크

• help sb with+명사 ~가 …하는 것을 돕다
• get used to+(동)명사 ~에 익숙해지다
• What can I say? [체념] 어쩌겠어요?

1 One's hands are full 정신없이 바쁘다

A My hands are full from Monday through Wednesday.

B OK. I'm gonna give you a call on Thursday.

A 월요일부터 수요일까지는 엄청 바빠.

B 알았어. 목요일에 전화할게.

2 be not what it used to be 예전 같지 않다

A My memory is not what it used to be.

B Me neither. I can't remember where I put my key.

A 내 기억력이 예전 같지 않아.

B 나도 그래. 열쇠를 어디에 뒀는지 기억이 안 나.

3 Sth is not my thing ~은 내 취향이 아니다

A Drinking is not my thing.

B Moderate drinking will be good for your social life.

A 술 마시는 건 내 취향이 아니야.

B 적당한 음주는 사회생활을 위해 좋을 거야.

4 play to one's strengths 강점을 발휘하다

A When it comes to golf, he's a natural.

B He hasn't played to his strengths in this game.

A 골프에 관해서라면 그는 타고났어.

B 이번 경기에선 그가 강점을 발휘 못했어.

MP3 Day 048

I can't take it anymore

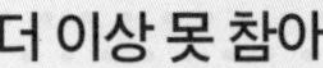

인내력이 다해서 더 이상 참기 힘들 때 하는 말이죠. '이제 그만 좀 해.'라는 의미의 표현으로 Enough is enough., '이게 마지막이야.'라는 뜻으로 This is the last straw.와 같이 표현하기도 합니다.

• **유사표현 :** I can't stand it

A My stomach feels heavy* from indigestion.

B You shouldn't have eaten* so much at the buffet.

A You **talked** me **into going** there.

B Don't **blame** me **for** your eating too much.

A I need to go on a diet* or something.

B I **can't take it anymore**. I **hate the way** you talk.

A 소화가 안 돼서 속이 더부룩해.
B 뷔페에서 너무 많이 먹지 말아야 했어.
A 네가 가자고 해서 간 거잖아.
B 네가 과식한 걸 내 탓으로 돌리지 마.
A 다이어트라도 하던지 해야겠다.
B 더 이상 못 참겠어. 네 말투가 정말 싫어.

기타표현체크

- one's stomach feels heavy　속이 더부룩하다
- shouldn't have p.p.　~하지 말았어야 했어
- go on a diet　다이어트하다

1 talk sb into -ing ~를 …하도록 설득하다

A Why did you get such an expensive car?

B The salesperson talked me into buying it.

A 왜 그렇게 비싼 차를 샀어?

B 판매원이 설득하길래 사 버렸어.

2 blame sb for sth ~ 때문에 …를 탓하다

A I can't blame you for being late.

B Thanks for your understanding.

A 늦은 걸 탓하지 않을게.

B 이해해 줘서 고마워.

3 can't take it anymore 더 이상 못 참다

A You must be annoyed by your upstairs neighbor.

B I can't take it anymore! I'm going to talk to him.

A 윗집 소음 때문에 짜증 나겠구나.

B 더는 못 참아! 가서 얘기 좀 해야겠어.

4 hate the way+주어+동사 ~하는 방식이 마음에 안 들다

A I hate the way you treat me.

B You also have an attitude problem.

A 당신이 날 대하는 태도가 마음에 안 들어.

B 당신 태도에도 문제가 있다고요.

MP3 Day 049

I'm freezing to death

추워 죽겠어

'be동사+형용사+to death'는 '~해서 죽겠다'라는 강조의 표현입니다. '무서워 죽겠다.'는 I'm scared to death., '피곤해 죽겠어.'는 I'm tired to death., '걱정돼 죽겠어.'는 I'm worried to death.와 같이 말할 수 있습니다.

• **유사표현 : It's biting cold**

A Look at this. I've **got goose bumps** all over.

B It's getting pretty chilly* in the morning.

A I'**m freezing to death**. You should **bundle up** when going out.

B I had an accident **dozing off** behind the wheel*.

A Oh, no. Were you hurt?

B Fortunately, it was just a fender-bender*.

A 이것 좀 봐. 온몸에 소름이 돋았어.
B 아침 날씨가 점점 쌀쌀해지고 있어.
A 추워 죽겠다. 외출할 때 좀 든든하게 입어.
B 졸음운전 하다가 교통사고 났어.
A 저런. 다친 데는 없어?
B 다행히 경미한 접촉 사고였어.

기타표현체크

• chilly (날씨가) 쌀쌀한
• a fender-bender (경미한) 접촉 사고
• behind the wheel 운전 중인

1 get goose bumps 소름[닭살]이 돋다

A When he sings, I get goose bumps all over.

B You're really that into his singing?

A 그가 노래 부르면 온몸에 닭살이 돋아.

B 그 사람 노래에 완전히 빠졌구나.

---

2 be동사+형용사+to death ~해서 죽겠다

A I was bored to death during the lecture.

B He doesn't have consideration for students.

A 강의 시간에 지루해서 죽는 줄 알았어.

B 교수님이 학생들 생각은 안 해 주는군.

---

3 bundle up (옷을) 껴입다/따뜻하게 입다

A It's pretty cold this morning. Bundle him up.

B It's just a cold snap. It should clear up soon.

A 오늘 아침 정말 춥다. 아이 옷 따뜻하게 입혀.

B 그냥 꽃샘추위야. 곧 맑아질 거야.

---

4 doze off 깜빡 졸다

A I dozed off in the middle of the movie yesterday.

B I've been there. It must be such a drag.

A 어제 영화 보던 중간에 깜빡 졸았어.

B 나도 그런 적 있어. 정말 지루했나 보다.

Hold on, please

잠시만요

사무실에 온 전화를 바꿔 줄 때 '잠시만요.'라고 하면서 기다려 달라는 표현입니다. Hold the line. 또는 Just a moment.와 같이 말하거나 '잠시만요, 그분 바꿔 드릴게요.'라고 할 때는 Hold on and I'll get him.과 같이 말하면 됩니다.

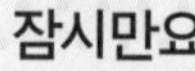

• 유사표현 : Just a second, please

A Hello, Customer Service, Brown speaking.

B This is Tom. **Is** Mr. Robinson **available?**

A **Hold on, please**. He's **stepped out** for a moment.

B It's so hard to reach him. He **was out of town** last time.

A I'll tell him to get back to you* when he gets in*.

B It's almost lunch time. Maybe he's out to lunch*.

A 안녕하세요. 고객 관리부 브라운입니다.
B 톰이라고 합니다. 로빈슨 씨 계신가요?
A 잠시만 기다려 주세요. 잠깐 자리를 비우셨어요.
B 통화하기 어렵군요. 지난번엔 출장 가셨던데요.
A 들어오시면 전화 드리라고 말씀드릴게요.
B 점심 시간이 다 됐네요. 식사하러 가셨나 봐요.

기타표현체크

• get back to sb ~에게 회신 전화하다
• be out to lunch 점심 먹으러 외출했다
• get in (사무실에) 들어오다

1 Is sb available? ~ 씨 계신가요?

A Hello, is Lucy available?

B Please stay on the line, I'll transfer you to her.

A 여보세요. 루시 있나요?

B 잠시만 기다리세요. 연결해 드릴게요.

---

2 Hold on, please 잠시만 기다려 주세요

A Can I speak to Simson, please?

B Hold on, please. He's on the phone right now.

A 심슨 씨와 통화할 수 있을까요?

B 잠시만 기다리세요. 지금 통화 중이시네요.

---

3 step out 잠시 나가다

A I'm calling for Mr. Kevin. It's urgent.

B I'm sorry, but he just stepped out of the office.

A 케빈 씨 좀 바꿔 주세요. 급한 일이거든요.

B 죄송합니다만 방금 사무실에서 나가셨어요.

---

4 be out of town 출장 중이다

A He is out of town this week. Can I take a message?

B Yes, Please have him call Mr. Harris.

A 그는 이번 주 출장입니다. 메모 남기시겠어요?

B 네, 해리스 씨에게 전화 달라고 전해 주세요.

Review Quiz Day 046-050

01 When was ________ you got a medical ________?

마지막으로 건강검진 한 게 언제죠?

02 You've been under ________ lately.

최근에 스트레스를 많이 받았잖아요.

03 Math tests are not what they ________.

최근에는 시험이 예전 같지 않은데.

04 Math is not ________, but English is my favorite.

수학은 나하고 안 맞아. 영어는 좋아하는데.

05 My stomach ________ from indigestion.

소화가 안 돼서 속이 더부룩해.

06 I can't ________ anymore. I hate ________ you talk.

더 이상 못 참겠어. 네 말투가 정말 싫어.

07 I'm ________ to death. You should ________ when going out.

추워 죽겠다. 외출할 때 좀 든든하게 입어.

08 I had an accident ________ behind the wheel.

졸음운전 하다가 교통사고 났어.

09 ________, please. He's ________ for a moment.

잠시만 기다려 주세요. 잠깐 자리를 비우셨어요.

10 He was ________ last time.

지난번엔 출장 가셨던데요.

정답 01. the last time / checkup 02. a lot of stress 03. used to be 04. my thing 05. feels heavy
06. take it / the way 07. freezing / bundle up 08. dozing off 09. Hold on / stepped out 10. out of town

DAY 051~055

MP3와 저자 강의를 들어 보세요
100일 후에는 나도 영어로 말한다!
영어회화 100일의 기적
041 ~ 050
DAY 051 ~ 060
061 ~ 070
DAY 051
MP3
녹음강의
동영상강의
DAY 052
DAY 053
DAY 054
초보탈출!

MP3 Day 051

Act your age!

나잇값 좀 해!

철없이 행동하는 사람에게 충고하는 말이죠. '철 좀 들어!', '나잇값 좀 해!'라는 뜻의 표현입니다. '어린애 같이 굴지 마.'라는 의미로 Don't be silly. 또는 Don't be a child.와 같이 말해도 됩니다.

• **유사표현 :** Grow up!

A What's up? You look exhausted.

B I've been hooked on* video games for the last few days.

A How old are you? You should **act your age**.

B **Look who's talking**. **Mind your own business**.

A Don't lecture* me. I'll kick your ass*.

B OK. Let's just **come to our senses**.

A 무슨 일 있어? 너 피곤해 보인다.
B 요 며칠 비디오 게임에 빠져 있어서 그래.
A 너 몇 살이냐? 나잇값 좀 해라.
B 사돈 남 말 하시네. 너나 잘해.
A 잔소리 좀 그만해. 혼날 줄 알아.
B 알았어. 우리 둘 다 정신 좀 차리자.

기타표현체크

• be hooked on sth ~에 중독되어 있다
• lecture 설교하다, 잔소리하다
• kick one's ass ~를 혼내 주다

Mini Dialogues

1 act one's age 나잇값을 하다/철이 들다

A Would you give me a piggyback ride?

B Don't be such a baby. Act your age!

A 나 좀 업어 줄 수 있어?

B 애처럼 굴지 마. 나잇값 좀 해!

2 Look who's talking 사돈 남 말 하네

A I heard that you are a heavy drinker.

B Look who's talking. You're known for drinking.

A 너 진짜 술고래라고 들었어.

B 사돈 남 말 하네. 너도 술로 유명하던데.

3 Mind your own business 너나 잘 해

A Still undecided? You're slow in making decisions.

B Mind your own business. I'll take care of myself.

A 아직도 결정 못했어? 넌 결정이 너무 느려.

B 네 일이나 신경 써. 내 일은 내가 알아서 해.

4 come to one's senses 제정신이 들다

A Sink or swim, I will try.

B I'm so relieved that you've come to your senses.

A 죽이 되든 밥이 되든 해 볼 거야.

B 네가 정신을 차려서 정말 안심이 된다.

Knock it off!

그만 좀 해!

화가 나서 상대방에게 어떤 말이나 행동을 그만두라고 할 때 쓰는 말입니다. 조금 직설적이고 거친 표현이죠. 유사한 의미로 Cut it out! 또는 That's enough!와 같이 말하기도 합니다.

• **유사표현 : Enough is enough!**

A The iPad5 is coming out* next month.

B Wow! I have to **wait in line** from early morning.

A Since when did you **get interested in** the latest gadgets?

B I keep up with* trends. **I wasn't born yesterday**.

A No offense, but* you barely know how to use smart phones.

B Knock it off!* You don't have to **rub it in**.

A 아이패드5가 다음 달에 출시된대.
B 와! 아침 일찍부터 줄 서서 기다려야겠다.
A 언제부터 최신기기에 관심을 가졌니?
B 난 유행을 따라가고 있어. 나도 알 건 다 알아.
A 악의는 없지만, 너 스마트폰 사용법도 잘 모르잖아.
B 그만 좀 해! 아픈 데 좀 건드리지 마.

기타표현체크

• come out (제품 등이) 출시되다
• No offense, but 기분 나쁘게 하려는 건 아닌데
• keep up with sth ~을 따라가다
• knock it off! 그만 좀 해!

❶ wait in line 줄 서서 기다리다

A What am I supposed to do now?

B Please complete this form and wait in line.

A 이제 제가 뭘 해야 하죠?

B 이 양식을 작성하시고 줄을 서세요.

---

❷ get interested in sth ~에 관심을 갖다

A How did you get interested in yoga?

B My girlfriend highly recommended it.

A 어떻게 요가에 관심을 갖게 되셨죠?

B 제 여자 친구가 적극 추천하더라고요.

---

❸ I wasn't born yesterday 나도 알 건 알아/나 바보 아니야

A Be careful when you drive your car.

B Don't worry. I wasn't born yesterday.

A 자동차 운전 할 때 조심해라.

B 걱정 마세요. 그 정도는 알아요.

---

❹ rub it in 아픈 데를 건드리다/염장 지르다

A You made the same mistake yesterday.

B I know. Please don't rub it in.

A 너 어제 똑같은 실수를 했던데.

B 알아. 아픈 데 좀 건드리지 마.

I don't buy it

믿을 수 없어

MP3 Day 053

buy는 '구입하다' 외에 '믿다'라는 의미로도 사용됩니다. 눈앞의 상황을 보거나 듣고도 믿지 못할 때 I can't believe my eyes[ears].와 같이 말하기도 하고, '너무 좋아서 믿기지 않아.'는 That's too good to be true.라고 표현합니다.

• **유사표현** : I can't believe it

A **You'll never guess** what happened last night.

B What? She stood you up* or what?

A Exactly. Don't you think she plays hard to get*?

B I'm sure she really likes to **play the field**.

A According to rumors, she **has feelings for** you.

B I don't buy it*. I **have a lot on my mind**.

A 어젯밤 무슨 일이 있었는지 상상도 못할걸.
B 뭔데? 그녀에게 바람이라도 맞은 거야?
A 맞아. 걔 너무 튕기는 거 같지 않아?
B 확실히 걔는 여러 사람과 사귀는 걸 좋아해.
A 소문에 걔가 너한테 마음이 있다고 하던데.
B 믿기질 않아. 머릿속이 복잡해진다.

기타표현체크

• stand sb up ~를 바람맞히다
• play hard to get 튕기다/까다롭게 굴다
• don't buy it 믿지 못하다

❶ You'll never guess+의문사+주어+동사

~했는지 상상도 못할걸

A You'll never guess what my parents got me today.

B How should I know? What did they get?

A 오늘 우리 부모님이 뭐 사 주셨는지 상상도 못할걸.

B 내가 어떻게 알아? 뭘 사 주셨는데?

❷ play the field 여러 사람과 사귀다

A When are you going to marry?

B I'm too young to settle down. I want to play the field.

A 언제 결혼할 거야?

B 난 정착하기엔 너무 어려. 여러 사람과 사귀고 싶어.

❸ have feelings for sb ~에게 마음이 있다

A I think he still has feelings for you.

B Nonsense! I'm not such a pushover.

A 그가 아직 널 좋아하는 것 같아.

B 말도 안 돼. 나 그렇게 만만한 사람 아니거든.

❹ have a lot on one's mind 생각이 많다/머리가 복잡하다

A You're acting weird today. You're not yourself.

B I have a lot on my mind these days.

A 오늘 좀 이상하다. 평소 너답지 않아.

B 요즘 생각이 좀 많아서 그래.

I'm not picky about food

MP3 Day 054

난 뭐든 잘 먹어

be picky about sth은 '~에 대해 까다롭다'라는 뜻인데요, 식성이 까다롭다고 할 때 He is a picky[finicky] eater.와 같이 말하기도 합니다.

• **유사표현 :** I'm not a picky eater

A **How old do I look?**

B Well, I thought you're in your mid-30s*.

A Actually, I'm pushing 40*.

B Really? You **look young for your age**.

A Thanks. I get that a lot*. What **are** you **up for**?

B Anything. I'**m** not **picky about** food.

A 제가 몇 살처럼 보여요?
B 글쎄요. 30대 중반이라고 생각했어요.
A 사실은 곧 40이 됩니다.
B 정말요? 나이에 비해 동안이세요.
A 고마워요. 그런 말 많이 들어요. 뭐 드실래요?
B 뭐든지 좋아요. 음식은 안 가려요.

기타표현체크

• be in one's mid-30s 30대 중반이다
• be pushing 40 곧 40세가 되다
• get that a lot 그런 말 많이 듣는다

1 How (old) do I look? (나이가) 어때 보여요?

A How do I look? Do I look all right?
B You look great today. Anything good?

A 나 어때요? 괜찮아 보여요?
B 오늘 멋진데. 뭐 좋은 일 있어?

2 look young for one's age

나이에 비해 어려 보이다

A You look really young for your age.
B Thanks. I'll take that as a compliment.

A 나이에 비해 정말 젊어 보이네요.
B 고마워요. 칭찬으로 받아들일게요.

3 be up for sth ~을 먹고 싶다

A You want to take a break for a while?
B Sure. I'm really up for some coffee.

A 잠시 휴식시간을 가지는 건 어때요?
B 좋아요. 커피가 매우 마시고 싶네요.

4 be picky about sth ~에 대해 까다롭다

A He's so picky about food.
B No kidding. He's very hard to please.

A 그 사람은 식성이 정말 까다로워.
B 정말 그래. 비위 맞추기 무지 힘들다니까.

He has gone for the day

그는 퇴근했어요

현재완료는 과거에 완료된 내용이 현재까지 영향을 미치고 있을 때 사용하죠. '퇴근해서 사무실에 없다'라는 내용을 의미합니다. for the day는 '오늘은 이제 그만'이라는 뜻입니다.

• **유사표현 : He has left for the day**

A Is Jason off* today? He's not answering the phone.

B He **has gone for the day** for a family emergency*.

A Thank you for the information.

B I'**m in charge of** this project, so you can tell me.

A **Sorry to bother you**, but can you **do** me **a favor**?

B Sure thing*. What do you need?

A 오늘 제이슨 휴무인가요? 전화를 안 받네요.
B 집에 급한 일이 생겨서 퇴근하셨어요.
A 알려 줘서 고마워요.
B 제가 프로젝트 책임자니까 저한테 말씀하세요.
A 귀찮게 해서 죄송한데, 부탁 하나 들어 주실래요?
B 물론이죠. 뭐가 필요하신가요?

기타표현체크

• be off 휴무이다
• family emergency 급한 집안일
• Sure thing 물론이죠

1 have gone for the day 이미 퇴근했다

A Can I speak to Mr. Lee, please?

B He has gone for the day. Can I take a message?

A 이 씨와 통화할 수 있을까요?

B 퇴근하셨습니다. 메모 남기시겠어요?

---

2 be in charge of sth ~을 담당하다/책임지다

A I'm in charge of collecting money at the party.

B All right. How much do I owe you?

A 저는 파티 때 돈을 걷는 것을 맡았어요.

B 알았어요. 제가 얼마를 내면 되죠?

---

3 Sorry to bother you 귀찮게 해서 죄송해요

A Sorry to bother you, but will you get me some water?

B Yes. How come you're up so late?

A 귀찮게 해서 미안한데, 물 좀 갖다 줄래?

B 그래. 왜 이렇게 늦게까지 안 자고 있어?

---

4 do sb a favor ~의 부탁을 들어 주다

A If you don't mind, could you do me a favor?

B Why not? You name it.

A 괜찮다면 부탁 하나 들어 주실래요?

B 물론이죠. 말씀만 하세요.

Review Quiz Day 051-055

01 Look ______________. Mind your own ______________.
사돈 남 말 하시네. 너나 잘해.

02 Let's just come ______________.
우리 둘 다 정신 좀 차리자.

03 I ______________ trends. I wasn't ______________ yesterday.
난 유행을 따라가고 있어. 나도 알 건 다 알아.

04 ______________ it off! You don't have to ______________ in.
그만 좀 해! 아픈 데 좀 건드리지 마.

05 You'll ______________ what happened last night.
어젯밤 무슨 일이 있었는지 상상도 못할걸.

06 According to rumors, she has ______________ you.
소문에 걔가 너한테 마음이 있다고 하던데.

07 You look young ______________.
나이에 비해 동안이세요.

08 I get that ______________. What are you ______________?
그런 말 많이 들어요. 뭐 드실래요?

09 He's gone for ______________ for a family ______________.
집에 급한 일이 생겨서 퇴근하셨어요.

10 Sorry to ______________ you, but can you do me a ______________?
귀찮게 해서 죄송한데, 부탁 하나 들어 주실래요?

정답 01. who's talking / business 02. to our senses 03. keep up with / born 04. Knock / rub it 05. never guess 06. feelings for 07. for your age 08. a lot / up for 09. the day / emergency 10. bother / favor

DAY 056~060

MP3와 저자 강의를 들어 보세요
100일 후에는 나도 영어로 말한다!
영어회화 100일의 기적
041 ~ 050
DAY
051 ~ 060
061 ~ 070
DAY
056
MP3
녹음강의
동영상강의
DAY
057
DAY
058
DAY
059
초보탈출!

MP3 Day 056

Make it on time

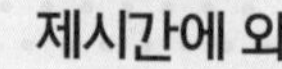

제시간에 와

강의 듣기

make it은 '성공하다' 또는 '시간에 맞춰 가다'라는 뜻으로 자주 사용됩니다. 약속 장소에 '제시간에 도착하다'라는 의미를 전달할 때 주로 사용됩니다. '못 갈 것 같아요.'는 I'm afraid I can't make it.과 같이 말하면 됩니다.

• **유사표현 : Don't be late**

A Wake up, sleepyhead*! You sleep in* every day.

B I **tossed and turned** all night. I **couldn't sleep a wink**.

A I'm wondering if you can **make it on time** for school.

B I'm in the middle of* washing my hair already.

A You're the black sheep* of our family.

B Come on. I just forgot to **set the alarm**.

A 잠꾸러기야, 일어나! 매일 늦잠 자는구나.
B 밤새 뒤척이느라 한숨도 못 잤어요.
A 학교에 제시간에 갈 수 있을지 모르겠다.
B 나 벌써 머리 감고 있거든요.
A 넌 우리 집의 골칫덩어리야.
B 왜 그래요. 알람 맞추는 걸 깜빡했어요.

기타표현체크

- sleepyhead 잠꾸러기
- be in the middle of+(동)명사 ~하는 중이다
- sleep in (일부러) 늦잠 자다
- black sheep 골칫덩어리

❶ toss and turn (잠 못 들고) 뒤척이다

A The hangover kept me up all night.

B That explains why you tossed and turned.

A 숙취 때문에 밤새 잠을 못 잤어.

B 왜 잠 못 들고 뒤척였는지 알겠다.

❷ couldn't sleep a wink 한숨도 못 잤다

A It was too hot last night. I couldn't sleep a wink.

B You'd better sleep with the air conditioner on.

A 어젯밤 너무 더웠어. 한숨도 못 잤다니까.

B 에어컨을 켜 놓고 자는 게 낫겠어.

❸ make it on time 제시간에 도착하다

A Why don't we meet at 7:00 tonight?

B I don't think I'll be able to make it on time.

A 오늘 저녁 7시에 만나는 건 어때요?

B 저는 제시간에 도착 못 할 것 같네요.

❹ set the alarm 알람을 맞추다

A I set the alarm for 5:00 every morning.

B Are you out of your mind? You can't even hear it.

A 난 매일 아침 5시에 알람을 맞춰 놔.

B 제정신이야? 소리가 들리지도 않을걸.

You go by the book

원칙대로 하네

go by the book은 '책대로 하다' 또는 '원칙대로 하다'라는 뜻인데요, do by the book이라고도 합니다. 반면에 '요령을 피우다', '규칙을 어기다'라는 의미는 cut corners, bend the rules와 같이 표현합니다.

• 유사표현 : You play by the rules

A I'm really out of shape*. I keep on gaining weight*.

B **Speaking of which**, I've started working out* at the gym.

A Really? Maybe I should go on a crash diet*.

B Starving is not helpful. You should **go by the book**.

A Well, I **don't know where to start**.

B **Play it safe**, start by joining the gym.

A 몸매가 망가졌어. 체중도 계속 늘어나고 있어.
B 얘기가 나와서 말인데, 나 헬스장에서 운동 시작했어.
A 정말? 나도 속성 다이어트를 해야겠다.
B 굶는 건 도움이 안 돼. 원칙대로 해야 해.
A 어디서부터 시작해야 할지 모르겠어.
B 신중하게 헬스클럽 다니는 것부터 시작해.

기타표현체크

• be out of shape 몸매가 망가지다/건강이 좋지 않다
• gain[lose] weight 체중이 늘다[줄다]
• work out 운동하다
• go on a crash diet 속성 다이어트를 하다

1 speaking of which 말이 나와서 말인데

A My driver's license photo is goofy.

B Speaking of which, it's time to renew it.

A 내 운전면허증 사진은 바보같이 나왔어.

B 말이 나왔으니 말인데, 갱신할 때가 됐어.

2 go by the book 원칙대로 하다

A Can't you bend your rules for me?

B I'm sorry, but I have to go by the book.

A 규칙을 저에게 유리하게 해 줄 수 없나요?

B 미안하지만, 전 원칙대로 해야 해요.

3 don't know where to start 뭐부터 시작할지 모르다

A I lost all my files in the blackout.

B Boy, you don't know where to start.

A 정전이 되는 바람에 파일이 몽땅 날아갔어.

B 이런, 눈앞이 캄캄하겠구나.

4 play it safe 신중을 기하다/안전하게 하다

A I invested a lot of money in stocks and lost nearly all.

B Don't take a risk and try to play it safe.

A 주식에 많은 돈을 투자했는데 대부분 잃었어.

B 모험을 하지 말고 안전하게 하도록 해.

MP3 Day 058

What's bothering you?

무슨 고민 있어?

'널 괴롭히는 게 뭐야?'라는 뜻이죠. 상대방의 표정이 심각해 보일 때 걱정스럽게 물어보는 표현입니다. '무슨 일 있어요?'라고 물을 때 What's wrong? 또는 Are you all right?과 같이 말해도 됩니다.

• **유사표현 : What's eating you?**

A You look worried. **What's bothering you?**

B I think I'm **feeling** a little **left out** at work.

A Don't be frustrated. **Time heals all wounds**.

B Will you **back** me **up** when I talk in the meeting?

A Don't worry. It's nothing*.

B I can't thank you enough*.

A 너 걱정 있어 보여. 무슨 고민 있어?
B 회사에서 소외감을 좀 느끼는 것 같아.
A 좌절하지 마. 시간이 해결해 줄 거야.
B 회의 시간에 내가 얘기하면 맞장구 좀 쳐 줄래?
A 걱정 마. 별거 아니지.
B 정말 고마워.

기타표현체크

• It's nothing 별거 아니야
• I can't thank you enough 정말 고마워

1 What's bothering you? 무슨 고민 있어?

A Tell me what's bothering you.

B His constant complaints are getting on my nerves.

A 고민거리 있으면 말해 봐.

B 그의 계속되는 불평 때문에 정말 짜증 나.

2 feel left out 소외감을 느끼다/왕따가 된 기분이다

A I'm feeling left out at school these days.

B Don't be silly. You should just adjust to it.

A 요즘 학교에서 따돌림 당하는 기분이야.

B 바보 같은 소리 마. 네가 적응을 해야 해.

3 Time heals all wounds 시간이 약이야

A I don't want to live without him anymore.

B It's tough, but time heals all wounds.

A 그 없이 더 이상 살고 싶지 않아.

B 힘들겠지만, 시간이 약이야.

4 back sb up ~에게 맞장구치다/지지하다

A Please back me up in this argument.

B Of course. I'm always with you.

A 제발 이 논쟁에서 내 편 좀 들어 줘.

B 물론이지. 난 언제나 네 편이야.

MP3 Day 059

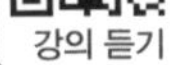

I think I'll pass

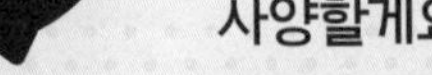

상대방의 권유를 사양할 때 쓰는 표현이죠. 예를 들어 친구가 술 마시자고 조를 때 '오늘은 좀 곤란해.'와 같이 거절하면서 사용합니다. Sorry, but I can't.와 같이 말해도 됩니다.

• **유사표현 : Thanks, but no thanks**

A How about a little hair of the dog*?

B Sorry, but **I think I'll pass** tonight.

A You promised to treat this time. You **have a lot of nerve**.

B **Something** urgent **came up** suddenly.

A You're so cheap* and unreliable*.

B Sorry. I **have a sore throat**. Let's go out next week.

A 해장술 한잔 어때?
B 미안한데, 오늘 저녁은 사양할게.
A 이번에 네가 사기로 했잖아. 참 뻔뻔하군.
B 갑자기 급한 일이 좀 생겼거든.
A 넌 정말 치사하고 믿을 수가 없어.
B 미안. 목이 아파서 그래. 다음 주에 하자.

기타표현체크

• hair of the dog 해장술
• cheap 인색한/치사한
• unreliable 믿을 수 없는

1 I think I'll pass 사양할게요

A What would you like for drinks?
B **I think I'll pass.**

A 음료는 어떤 것으로 하시겠어요?
B 음료는 사양할게요.

---

2 have a lot of nerve 뻔뻔하다

A He **has a lot of nerve** saying that to me.
B No kidding. He should be ashamed of himself.

A 나한테 그렇게 말하다니 그 사람 정말 뻔뻔해.
B 정말 그러네. 부끄러운 줄 알아야지.

---

3 Something comes up 무슨 일이 생기다

A You're late again. What's the excuse today?
B **Something came up** suddenly. I couldn't help it.

A 너 또 늦었어. 오늘은 무슨 변명을 할래?
B 갑자기 급한 일이 생겼어. 어쩔 수 없었어.

---

4 have a sore throat 목이 아프다

A I **have a sore throat**. I think I have the flu.
B Sorry to hear that. You should go home and rest.

A 목이 아파. 독감에 걸린 것 같아.
B 정말 안됐구나. 집에 가서 좀 쉬어.

I'm between jobs

구직 중이야

직업이 없는 상태는 be out of work와 같이 표현하고, '일자리를 찾고 있다'라는 의미는 be (in) between jobs와 같이 말합니다. '요즘 취업 준비 중이에요.'는 I'm job hunting these days.라고 말해도 됩니다.

• **유사표현** : I'm looking for a job

A I haven't seen you around* for a while.

B I'**m between jobs**. So I've been **lying low**.

A Don't work too hard and **take your time**.

B It's like **beating my head against the wall**.

A I think you're kind of a late bloomer*.

B Thanks, I'm so flattered*.

A 요즘 얼굴 보기 힘들구나.
B 구직 중이야. 그래서 두문불출했어.
A 너무 무리는 하지 말고 쉬엄쉬엄 해.
B 마치 맨땅에 헤딩하는 기분이야
A 난 네가 대기만성형이라고 생각해.
B 고마워. 너무 과찬인데.

기타표현체크

• haven't seen sb around 요즘 못 봤다
• late bloomer 대기만성형
• I'm flattered 과찬이세요

❶ be (in) between jobs 구직 중이다/취업 준비 중이다

A What do you do for a living?

B I'm in between jobs.

A 어떤 일을 하세요?

B 취업 준비 중입니다.

---

❷ lie low 잠수 타다/두문불출하다

A Is there anything I can do?

B Just lie low for a while. I'll handle everything.

A 내가 뭘 해야 되지?

B 당분간 눈에 띄지 마. 내가 알아서 할게.

---

❸ take one's time 천천히 하다/쉬엄쉬엄 하다

A I want to go shopping together. I'll change first.

B Take your time. There's no rush.

A 같이 쇼핑가고 싶어. 옷부터 갈아입을게.

B 천천히 해. 서두를 거 없어.

---

❹ beat one's head against the wall

맨땅에 헤딩하다/계란으로 바위를 치다

A I tried to convince her a million times.

B It's like beating your head against the wall.

A 그녀를 설득하려고 수백 번 시도했어.

B 그건 계란으로 바위를 치는 격이지.

Review Quiz Day 056~060

01 I tossed and ________ all night and couldn't sleep ________.

밤새 뒤척이느라 한숨도 못 잤어요.

02 I'm wondering if you can ________ on time for school.

학교에 제시간에 갈 수 있을지 모르겠다.

03 Speaking ________, I've started ________ at the gym.

얘기가 나와서 말인데, 나 헬스장에서 운동 시작했어.

04 ________ safe, start by joining the gym.

신중하게 헬스클럽 다니는 것부터 시작해.

05 I think I'm feeling a little ________ at work.

회사에서 소외감을 좀 느끼는 것 같아.

06 Will you ________ when I talk in the meeting?

회의 시간에 내가 얘기하면 맞장구 좀 쳐 줄래?

07 Sorry, but I think ________ tonight.

미안한데, 오늘 저녁은 사양할게.

08 Sorry. I have a ________.

미안. 목이 아파서 그래.

09 I'm ________. So I've been ________.

구직 중이야. 그래서 두문불출했어.

10 Don't work too hard and ________.

너무 무리는 하지 말고 쉬엄쉬엄 해.

정답 01. turned / a wink 02. make it 03. of which / working out 04. Play it 05. left out 06. back me up 07. I'll pass 08. sore throat 09. between jobs / lying low 10. take your time

DAY 061~065

MP3와 저자 강의를 들어 보세요
100일 후에는 나도 영어로 말한다!
영어회화 100일의 기적
051 ~ 060
DAY
061 ~ 070
071 ~ 080
DAY 061
MP3
녹음강의
동영상강의
DAY 062
DAY 063
DAY 064
초보탈출!

MP3 Day 061

You're on the right track

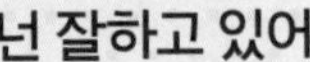

넌 잘하고 있어

'올바른 방향으로 가고 있다.'라는 의미로 '잘하고 있다'는 표현입니다. You're doing well.과 같이 말해도 되고, 반대로 '잘못하고 있어.'는 You're on the wrong track. 이라고 하면 됩니다.

• **유사표현 : You're doing great**

A Christmas is just around the corner*.

B I can't believe it's already the end of the year*.

A I deeply **reflect on myself** at this time of the year*.

B Come on. You**'re on the right track**.

A From now on, I'll try not to **live in the past**.

B OK, but you should **take responsibility for** your past.

A 크리스마스가 코앞으로 다가왔어.
B 벌써 연말이라니 믿을 수가 없어.
A 일 년 중 이맘때면 나 자신을 깊이 반성하게 돼.
B 무슨 소리야. 넌 잘하고 있어.
A 지금부턴 과거에 연연하지 않고 살려고 해.
B 그래, 하지만 자신의 과거에 책임을 져야 하지.

기타표현체크

- be just around the corner ~이 코앞으로 다가오다
- the end of the year 연말
- at this time of the year 일 년 중 이맘때

❶ reflect on oneself 자신을 반성하다

A Welcome back. How was your trip to Europe?

B Traveling gave me a chance to reflect on myself.

A 돌아와서 반가워요. 유럽 여행은 어땠어요?

B 여행이 자신에 대해 성찰할 기회를 주었어요.

---

❷ be on the right track 제대로 하고 있다

A I don't know what I'm doing now.

B No. I think you're on the right track.

A 내가 지금 뭘 하고 있는 건지 모르겠어.

B 아니야. 넌 잘하고 있는 것 같은데.

---

❸ live in the past 과거에 연연하며 살다

A If you live in the past, you'll never see the future.

B You need to have the courage to follow your heart.

A 과거에 연연하며 산다면 절대 미래를 볼 수 없어.

B 마음이 시키는 대로 할 수 있는 용기를 가져야 해.

---

❹ take responsibility for sth ~에 책임을 지다

A You can't let him get away with this.

B He'll have to take responsibility for this.

A 그 사람이 이렇게 빠져나가도록 두면 안돼요.

B 그는 이번 일에 책임을 져야 할 거예요.

It tastes funny

MP3 Day 062

맛이 이상해

음식이나 우유 등이 '맛이 갔다'라고 말할 때 쓰는 표현이에요. funny가 '웃기다' 또는 '이상하다'와 같이 상반된 뜻을 가지고 있는데, 농담을 하는 사람에게 You're funny. 라고 말하면 '재미있다.'라는 의미도 되고 반대로 '썰렁하다.'라는 의미도 됩니다.

• **유사표현 : It doesn't taste right**

A Dinner is ready. Come and get it!*

B I'll **skip my dinner**. I **lost my appetite**.

A You shouldn't have snacked* before a meal.

B Mom, I think this soup tastes funny*.

A OK, fine. **Have it your way**.

B **May I be excused?**

A 저녁 준비됐다. 와서 밥 먹어라!
B 전 저녁 안 먹을래요. 입맛이 없어요.
A 식전에 군것질하지 말았어야지.
B 엄마, 수프 맛이 이상한 것 같아요.
A 알았다. 좋을 대로 해.
B 먼저 일어나도 되죠?

기타표현체크

• come and get it! 와서 밥 먹어라!
• taste funny 맛이 이상하다
• snack 군것질하다

1 skip one's dinner[breakfast]

저녁[아침] 식사를 거르다

A My stomach is growling like crazy.

B I also skipped my breakfast. I'm starving.

A 배에서 꼬르륵 소리가 나고 난리야.

B 나도 아침을 못 먹었어. 배고파 죽겠다.

2 lose one's appetite 식욕(입맛)을 잃다

A Did you see that car accident today?

B Don't remind me. I just lost my appetite.

A 오늘 자동차 사고 난 거 봤어?

B 얘기하지 마. 밥맛 떨어졌어.

3 Have it your way 좋을 대로 해라

A Where should we go for lunch?

B Have it your way. Anything is fine by me.

A 점심 먹으러 어디로 갈까요?

B 좋을 대로 하세요. 아무거나 좋아요.

4 May I be excused? 먼저 일어나도 되죠?

A May I be excused?

B You're already finished eating?

A 먼저 일어나도 될까요?

B 벌써 다 드셨어요?

MP3 Day 063

Save my seat

자리 잡아 놔

'자리를 잡아 주다'라는 표현입니다. 자리에 사람은 없고 물건만 놓여 있을 때 '여기 자리 주인 있나요?'라는 의미로 Is this seat taken? 또는 Is someone sitting here?와 같이 말할 수 있습니다.

• **유사표현 : Keep a seat for me**

A The tickets **are** almost **sold out**.

B I want seats in the middle. I hate sitting on the sides*.

A Do you want some popcorn or drinks?

B Sure. The show*'s about to* start. Let's get in.

A **Nature calls me**. **Save my seat**.

B OK. I need to **put** my phone **on vibrate**.

A 표가 거의 다 매진되었네.
B 가운데 자리로 해. 가장자리는 싫어.
A 팝콘이나 음료수 먹을래?
B 물론이지. 영화 시작한다. 들어가자.
A 화장실 다녀올게. 내 자리 잡아 놔.
B 알았어. 휴대폰 진동으로 바꿔야겠다.

기타표현체크

• sit on the sides 가장자리에 앉다
• be about to+동사원형 막 ~하려고 하다
• the show 영화/공연/TV프로그램

❶ be sold out 매진되다/품절되다

A His book is selling like hot cakes.

B At this rate, it will be sold out by the end of the week.

A 그의 책이 불티나게 팔리고 있어요.

B 이 추세라면 주말까지 다 품절되겠어요.

---

❷ Nature calls (me) 화장실 가고 싶다

A Excuse me, but nature calls.

B The restroom is out in the hallway to your left.

A 실례지만 화장실 좀 다녀올게요.

B 화장실은 복도로 나가셔서 왼쪽에 있습니다.

---

❸ save one's seat ~의 자리를 잡다

A Excuse me. Is this seat taken?

B Yes. I'm saving this seat for my friend.

A 실례합니다. 이 자리 주인 있나요?

B 네. 제 친구 자리 잡아 놨어요.

---

❹ put sth on vibrate[mute] 진동[무음]으로 바꾸다

A Whose phone is ringing? It's coming from your bag.

B Oops, I forgot to put it on vibrate.

A 누구 전화가 울리는 거야? 네 가방에서 나잖아.

B 이런! 진동으로 설정하는 걸 깜빡했네.

It's worth visiting

MP3 Day 064

강의 듣기

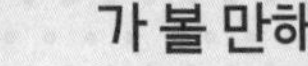

가 볼 만해

뭔가 추천할 때 사용하면 좋은 표현이죠. 영화를 먼저 본 친구가 '그 영화 볼 만해.'라고 추천한다면 That movie is worth seeing.이라고 말하면 됩니다. '해 볼 만해.'는 It's worth a try.와 같이 말할 수 있습니다.

• **유사표현** : That's worth a visit

A **Have** you **ever been to** that new family restaurant?

B No. Do you think it**'s worth** visiting?

A Absolutely!* **You'll be sorry if** you miss that place.

B How did you learn of it*?

A By word of mouth*. A friend of mine told me.

B **What was the name of** that place?

A 새로 개업한 패밀리 레스토랑 가 봤어?
B 아니. 가 볼 만한 곳이야?
A 당연하지. 안 가 보면 후회할걸.
B 거긴 어떻게 알았어?
A 입소문으로 알았지. 친구가 말해 줬어.
B 식당 이름이 뭐라고 했지?

기타표현체크

• absolutely! 물론이지!
• by word of mouth 입소문으로
• learn of sth ~에 대해 들어서 알다

1 have ever been to+장소 ~에 가 본 적이 있다

A **Have** you **ever been to** Spain?

B No. I've never been there.

A 스페인에 가 본 적 있으세요?
B 아뇨. 한 번도 가 본 적 없어요.

2 be worth+(동)명사 ~할 가치가 있다

A Do I have to break my bad habits?

B Yes. It'**s worth** the trouble.

A 제가 나쁜 습관을 고쳐야 하나요?
B 그럼요. 노력을 들일 가치가 있어요.

3 You'll be sorry if+주어+동사 ~하면 후회할 거다

A Money is not everything. I'm gonna marry him.

B Grow up! **You'll be sorry if** you marry that poor guy.

A 돈이 전부는 아니잖아. 그 사람이랑 결혼할 거야.
B 철 좀 들어! 그 가난뱅이랑 결혼하면 후회할 거야.

4 What was the name of sth/sb?

~의 이름이 뭐라고 했죠?

A **What was the name of** the movie you mentioned**?**

B You forgot. *The Avengers 2.*

A 네가 말했던 영화 제목이 뭐였지?
B 잊어버렸구나. 〈어벤저스 2〉야.

The game ended in a tie

무승부로 끝났어

스포츠 경기에서 '무승부로 끝나다'라고 말할 때 쓰는 표현입니다. 정말 흥미진진한 경기는 막상막하일 때죠. '박빙이었다.'라는 의미로 It was a close game. 또는 It was neck and neck.과 같이 표현하기도 합니다.

• **유사표현** : The match ended in a draw

A I'm really crazy about* soccer lately.

B Which team are you **rooting for**?

A Chelsea. They **came from behind** and won 3 to 1* today.

B I guess your team **is on a winning streak**.

A Yeah. That's the ninth win in a row* already.

B My team's game **ended in a tie**.

A 나 요즘 축구 경기에 완전히 빠졌어.
B 어느 팀을 응원하는데?
A 첼시야. 오늘은 역전해서 3:1로 이겼어.
B 너희 팀이 승승장구 하고 있나 보구나.
A 그래. 벌써 9연승째야.
B 우리 팀은 무승부로 끝났어.

기타표현체크

• be crazy about sth ~을 매우 좋아하다
• win 3 to 1 3대1로 이기다
• ninth win[loss] in a row 9연승[연패]

1 root for sb/sth ~을 응원하다/지지하다

A Which team are you gonna support this time?

B Win or lose, we're **rooting for** the Korean team.

A 이번에는 어느 팀을 응원할 예정이죠?

B 이기든 지든, 우린 한국 팀을 응원할 거예요.

2 come from behind 역전하다

A What was the result of the baseball game yesterday?

B Korea **came from behind** and beat China 3 to 2.

A 어제 야구 경기 결과가 어떻게 되었나요?

B 한국이 역전해서 중국을 3대 2로 물리쳤어요.

3 be on a winning[losing] streak

연승[연패] 행진을 하다

A LA Dodgers **is on a winning streak** lately.

B They're okay so far, but I hope they don't push their luck.

A LA다저스는 최근 연승 행진 중이야.

B 지금까지 잘해 왔는데 너무 운을 믿지 않으면 좋겠어.

4 end in a tie[draw] 무승부로 끝나다

A Did you watch the soccer game last night?

B Of course. The match **ended in a tie**, 3 to 3.

A 어젯밤 축구 경기 봤어?

B 물론이지. 3대3 무승부로 끝났어.

Review Quiz

Day 061~065

01 Christmas is just around ______________.

크리스마스가 코앞으로 다가왔어.

02 You should take ______________ your past.

자신의 과거에 책임을 져야 하지.

03 I'll ______________. I ______________ my appetite.

전 저녁 안 먹을래요. 입맛이 없어요.

04 OK, fine. Have it ______________.

알았다. 좋을 대로 해.

05 I want seats in the middle. I hate sitting ______________.

가운데 자리로 해. 가장자리는 싫어.

06 I need to put my phone ______________.

휴대폰 진동으로 바꿔야겠다.

07 Have you ______________ that new family restaurant?

새로 개업한 패밀리 레스토랑 가 봤어?

08 You'll ______________ if you ______________ that place.

안 가 보면 후회할걸.

09 I'm really ______________ soccer lately.

나 요즘 축구 경기에 완전히 빠졌어.

10 I guess your team is on a ______________.

너희 팀이 승승장구 하고 있나 보구나.

정답 01. the corner 02. responsibility for 03. skip my dinner / lost 04. your way 05. on the sides 06. on vibrate 07. ever been to 08. be sorry / miss 09. crazy about 10. winning streak

DAY 066~070

MP3와 저자 강의를 들어 보세요
100일 후에는 나도 영어로 말한다!
영어회화 100일의 기적
DAY
061 ~ 070
051 ~ 060
071 ~ 080
DAY 066
MP3
녹음강의
동영상강의
DAY 067
DAY 068
DAY 069
초보탈출!

Hang in there

조금만 참아

'참고 버티다'라는 뜻의 표현입니다. 상대방이 안부를 물을 때 '그럭저럭 버티며 살고 있어.'라는 의미로 I'm hanging in there.와 같이 말합니다.

• 유사표현 : Just tough it out

A **How long does it take to** reach the top?

B We're almost there*. Just **hang in there**.

A I can't go any further. I'm **feeling** a little **queasy**.

B OK. Let's get some rest and catch our breath*.

A Just a minute. I need to tie my shoes*.

B You're **breaking in** your new shoes.

A 산 정상까지 가는 데 얼마나 걸려요?
B 거의 다 왔어요. 조금만 참아요.
A 더 못 가겠어요. 속이 울렁거려요.
B 좋아요. 잠시 쉬면서 숨 좀 돌리죠.
A 잠깐만요. 신발 끈 좀 묶을게요.
B 새 신발을 길들이고 있군요.

기타표현체크

• be almost there 거의 다 왔다
• tie one's shoes 신발 끈을 매다
• catch one's breath 한숨 돌리다

1 How long does it take to + 동사원형?

~하는 데 얼마나 걸려요?

A How long does it take to get to work?

B It takes about an hour by car.

A 출근하는 데 시간이 얼마나 걸려요?

B 자동차로 한 시간 정도 걸려요.

2 hang in there 참고 견디다/버텨내다

A I don't think I can take the pressure any more.

B Don't be too discouraged. Just hang in there.

A 더 이상 스트레스를 감당하기 힘들어.

B 너무 상심하지 마. 조금만 참아.

3 feel queasy (속이) 메스껍다/울렁거리다

A I'm feeling a little queasy. It might be motion sickness.

B Take this medication. It works wonders.

A 속이 좀 메스꺼워요. 멀미인 것 같아요.

B 이 약 좀 드세요. 효과가 좋을 거예요.

4 break in sth (신발, 자동차를) 길들이다

A I went out on the highway to break in my car yesterday.

B I'm a little worried about you. You're a Sunday driver.

A 어제 내 차 길들이려고 고속도로에 나갔어.

B 걱정이 좀 되는데. 넌 초보운전이잖아.

MP3 Day 067

I ran into her

걔를 우연히 만났어

run into는 '우연히 만나다'라는 뜻인데요, meet by chance 또는 come across와 같이 표현하기도 합니다. I met her by chance. 또는 I came across an old friend.와 같이 말하면 되겠죠.

• **유사표현 : I bumped into her**

A I **ran into** my ex-girlfriend on the street yesterday.

B Wow! Don't tell me you chickened out*.

A I almost **sprained my ankle** while stepping backwards*.

B You should **take your mind off** her.

A Yeah. I think it's time to pull myself together*.

B Don't worry. **I think** you **can manage**.

A 어제 길에서 예전 여자 친구와 마주쳤어.
B 와우! 설마 겁먹고 도망친 건 아니지?
A 뒷걸음치다 발목을 삐끗할 뻔했어.
B 이제 그만 그녀를 잊어버려.
A 그래. 이젠 정신 차릴 때도 됐지.
B 걱정 마. 넌 잘 할 수 있을 거야.

기타표현체크

• chicken out (겁먹고) 물러서다
• step backwards 뒷걸음치다
• pull oneself together 마음을 잡다

1 run into sb ~를 우연히 만나다

A On my way back home, I ran into Victoria yesterday.

B You mean "Victoria," very outgoing girl in class, right?

A 어제 집에 오는 길에 우연히 빅토리아를 만났어.

B 우리 반에 활달했던 그 빅토리아 말이지?

2 sprain[twist] one's ankle 발목을 삐다

A I sprained my left ankle this morning.

B Really? How did that happen?

A 오늘 아침에 왼쪽 발목을 삐었어.

B 정말? 어쩌다가 그랬어?

3 take one's mind off sb/sth

(마음에서) ~을 떨쳐 버리다/잊어버리다

A I'll play tennis tonight. I want to take my mind off things.

B OK. Hope you feel better after that.

A 오늘 밤에 테니스 칠 거야. 걱정거리를 떨쳐 버리고 싶어.

B 그래. 운동 후에 기분이 좀 나아졌으면 좋겠다.

4 I think sb can manage ~는 잘할 수 있을 거야

A Are you sure you're OK with all those boxes?

B Don't worry! I think I can manage.

A 저 상자들을 옮기는 거 정말 괜찮겠어요?

B 걱정 마세요. 혼자 할 수 있을 거예요.

Sorry to hear that

안됐구나

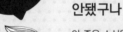

안 좋은 소식을 들었을 때 '안타깝네요.'하며 유감을 나타내는 표현입니다. 지인의 부고를 듣고 애도의 표현으로도 사용할 수 있습니다. '아쉽다' 또는 '유감이다'라는 의미로 That's a shame.과 같이 말하기도 합니다.

• **유사표현 :** That's too bad

A She **has a big mouth**. She can't keep a secret.

B That's why* you **give** her **the cold shoulder**, right?

A What would you do **if you were in my shoes**?

B Well, I haven't given it a lot of thought*.

A Anyway, she**'s** kind of **a pain in the neck**.

B I'm sorry to hear that*.

A 그녀는 입이 가벼워. 비밀을 안 지키거든.
B 그래서 네가 그녀에게 쌀쌀맞게 대하는구나.
A 네가 내 입장이라면 어떻게 할 것 같아?
B 글쎄, 생각을 많이 안 해봤는데.
A 어쨌든, 그녀는 정말 골칫거리야.
B 정말 안됐구나.

기타표현체크

• That's why+주어+동사　그래서 ~하는구나
• give it a (serious) thought　(신중히) 생각해 보다
• (I'm) Sorry to hear that　(들으니) 유감이다

1 have a big mouth 입이 가볍다/말이 많다

A How do you feel about Jack, the new employee?

B He has a big mouth. He loves to gossip too much.

A 신입사원 '잭'을 어떻게 생각해요?

B 입이 가벼워요. 잡담하는 걸 좋아하거든요.

2 give sb the cold shoulder ~에게 차갑게 대하다

A Did you get home all right last night?

B My wife gave me the cold shoulder. Three days in a row.

A 어젯밤에 집에 잘 들어갔어?

B 아내가 차갑게 대하더라고. 3일 연속 늦었거든.

3 if you were in my shoes[place]

네가 내 입장이라면

A What would you do if you were in my shoes?

B If I were in your place, I'd ask him for help.

A 네가 내 입장이라면 어떻게 할 거야?

B 나라면 그에게 도움을 청할 것 같은데.

4 be a pain in the neck 골칫거리다/귀찮은 일이다

A You can't park here. This is a tow-away zone.

B Finding a parking space is a pain in the neck.

A 여긴 주차 못해요. 불법 주차 견인 지역이에요.

B 주차 공간 찾는 건 정말 귀찮은 일이야.

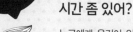

MP3 Day 069

You have a minute?

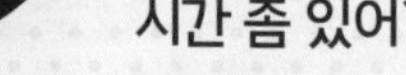

시간 좀 있어?

강의 듣기

누구에게 용건이 있을 때 '시간 좀 있어요?'라고 묻는 표현입니다. Do you have a minute?, You got a minute?이라고도 합니다. 상대방의 대화에 끼어들어 '자리 좀 비켜 줄래요?'라고 할 경우 Can you give us a minute?과 같이 말합니다.

• **유사표현 : You got a second?**

A Sorry for disturbing you on your day off*.

B Please make it short. **I can't talk long**.

A I'm calling to **ask** you **for your advice**. **You have a minute?**

B It's a bad time. Actually, I have company* now.

A OK. Please let me know if you can **free up some time**.

B How about if* we meet in about an hour?

A 쉬는 날 귀찮게 해 드려 죄송해요.
B 짧게 해 주세요. 길게 통화 못해요.
A 조언 좀 구하려고 전화 드렸어요. 시간 좀 있으세요?
B 지금은 좀 곤란해요. 사실 지금 손님이 있거든요.
A 알았어요. 시간이 되실 때 알려 주세요.
B 한 시간쯤 후에 만나는 건 어때요?

기타표현체크

• on one's day off　쉬는 날에
• have company　손님이 있다
• How about (if)+주어+동사?　~하는 게 어때요?

1 I can't talk long 통화 길게 못해요

A I'm sorry to disturb you. Can you talk right now?

B My battery is low. So I can't talk long.

A 방해해서 죄송해요. 지금 통화 괜찮으세요?

B 배터리가 얼마 없어서 길게는 통화 못해요.

2 ask sb for (one's) advice ~에게 조언을 구하다

A How can I learn to speak English well?

B Let's ask him for advice. He's good at English.

A 영어로 말 잘하는 법을 어떻게 배울 수 있을까?

B 그 사람에게 조언을 구해 봐. 영어를 잘하잖아.

3 (Do) you have a minute? 시간 좀 있어요?

A Do you have a minute? I have something to discuss.

B Sorry. I'm in the middle of something.

A 시간 좀 있어요? 상의할 게 있어요.

B 미안해요. 지금 뭐 좀 하고 있거든요.

4 free up some time 시간을 좀 내다

A Can you free up some time during the week?

B I'm not free till Wednesday. What about Thursday?

A 주중에 시간 좀 내 줄 수 있어요?

B 수요일까진 시간이 없어요. 목요일 어때요?

Let's split the bill

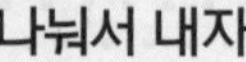

나눠서 내자

음식값을 '나눠서 내자'라고 말할 때 쓰는 표현입니다. 직역하면 계산서를 사람 숫자만큼 찢어서 분담한다는 뜻이죠. '계산서 주세요.'라고 할 때는 Check[Bill], please.와 같이 말하면 됩니다.

• **유사표현 : Let's go dutch**

A I think I'**m on a tight budget** today.

B You paid last time, so it's my turn*.

A If you insist, why don't we **split the bill**?

B Sure. Let's **chip in** about five dollars each.

A OK. Here you go*. **Can I have a doggy bag**, please?

B Excuse me, but would you call a designated driver*?

A 오늘 예산이 좀 빠듯한 것 같아.
B 저번에 네가 계산했으니까 내 차례야.
A 정 그렇다면, 각자 나눠 내는 건 어때?
B 좋아. 5달러 정도씩 걷자.
A 그래. 여기 있어. 남은 음식 좀 싸 주실래요?
B 실례지만, 대리운전 좀 불러 주실래요?

기타표현체크

• It's one's turn ~의 차례다
• designated driver 대리운전 기사
• Here you go 여기 있어요

Mini Dialogues

1 be on a tight budget (돈이) 부족하다

A I'm dying to travel abroad early next year.

B We're on a tight budget lately.

A 내년 초에 해외여행 가고 싶어 죽겠어.

B 요즘 자금 사정이 빠듯해.

---

2 split the bill (비용을) 나눠 내다

A I think it's way too much for one person.

B Let's split the bill. What do I owe you?

A 한 사람이 내기에는 좀 많은 것 같아요.

B 각자 나눠서 내요. 얼마 드리면 되죠?

---

3 chip in (돈을) 조금씩 걷다

A Time for a snack. How about ordering some pizza?

B That's a great idea. Let's chip in a little.

A 간식 시간이야. 피자 시켜 먹는 건 어때?

B 좋은 생각이야. 돈을 조금씩 걷자.

---

4 Can I have a doggy bag? (남은 음식) 싸 주실래요?

A I have some leftover food. Can I have a doggy bag?

B Sure. Give me a second to box it up.

A 음식이 좀 남았어요. 가져가게 좀 싸 주실래요?

B 물론이죠. 포장해 드릴 테니 잠시 기다리세요.

Review Quiz Day 066~070

01 How long does ____________ to reach the top?
산 정상까지 가는 데 얼마나 걸려요?

02 I can't ____________. I'm feeling a little ____________.
더 못 가겠어요. 속이 울렁거려요.

03 I ____________ my ex-girlfriend on the street yesterday.
어제 길에서 예전 여자 친구와 마주쳤어.

04 I almost ____________ my ankle while stepping ____________.
뒷걸음치다 발목을 삐끗할 뻔했어.

05 She has ____________. She can't keep a secret.
그녀는 입이 가벼워. 비밀을 안 지키거든.

06 What would you do if you were ____________?
네가 내 입장이라면 어떻게 할 것 같아?

07 Please ____________ short. I can't ____________.
짧게 해 주세요. 길게 통화 못해요.

08 Please let me know if you can ____________ some time.
시간이 되실 때 알려 주세요.

09 If you insist, why don't we ____________?
정 그렇다면, 각자 나눠 내는 건 어때?

10 Excuse me, but would you call a ____________?
실례지만 대리운전 좀 불러 주실래요?

정답 01. it take 02. go any further / queasy 03. ran into 04. sprained / backwards 05. a big mouth 06. in my shoes 07. make it / talk long 08. free up 09. split the bill 10. designated driver

DAY 071~075

MP3와 저자 강의를 들어 보세요

MP3 Day 071

I'm not much of a talker

난 말주변이 없어

강의 듣기

'be동사+not much of a+명사'는 '~을 잘 못해요'라고 말할 때 쓰는 표현입니다. '노래 잘 못해요.'는 I'm not much of a singer., '그림 잘 못 그려요.'는 I'm not much of an artist.와 같이 말할 수 있습니다.

• **유사표현 :** I'm not good with words

A I think I **have a crush on** Kate.

B Rumor has it* she's taken. But why not give it a try?

A I can't **work up the courage**. **I'm not much of a** talker.

B Don't **be** so **hard on** yourself. You're a nice guy.

A Just between you and me*, I'll try to pick her up.

B That's the spirit!* I'll keep my fingers crossed*.

A 나 케이트한테 반한 것 같아.
B 소문에 임자가 있다던데. 시도는 한 번 해 봐.
A 용기를 낼 수가 없어. 난 말주변도 없잖아.
B 너무 자책하지 마. 넌 괜찮은 녀석이야.
A 우리끼리 비밀인데, 그녀를 한 번 꼬셔 볼게.
B 바로 그 정신이야! 내가 행운을 빌어 줄게.

기타표현체크

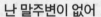

• Rumor has it (that)+주어+동사 ~라는 소문이 있다
• between you and me 우리끼리 얘긴데
• That's the spirit! 바로 그 정신이야!
• keep one's fingers crossed 행운을 빌다

❶ have a crush on sb ~에게 반하다

A I heard you have a crush on Anna, right?

B Yeah. She took my breath away at first sight.

A 너 안나에게 반했다고 들었어, 맞니?

B 그래. 그녈 처음 봤을 때 숨이 멎는 줄 알았어.

❷ work up the courage 용기를 내다

A Why the sad look? What's wrong with you?

B I can't work up the courage to propose to her.

A 왜 우울한 표정이야? 무슨 문제라도 있어?

B 그녀에게 청혼할 용기를 내지 못하겠어.

❸ be not much of a+명사 ~을 잘 못하다

A Would you care for another one?

B No, thanks. I'm not much of a drinker.

A 한 잔 더 하실 거예요?

B 아뇨, 됐어요. 전 술 잘 못해요.

❹ be hard on sb ~에게 심하게 대하다

A Don't be too hard on your kids.

B They're addicted to smartphones. They're on it all day.

A 애들한테 너무 심하게 하지 말아요.

B 걔들 스마트 폰에 중독됐어. 하루 종일 한다니까.

MP3 Day 072

You don't wanna do that

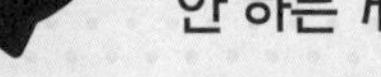

안 하는 게 좋아

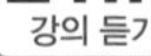

'You don't wanna+동사원형'은 '~하지 않는 게 좋을 거야'라는 표현입니다. '넌 모르는 게 좋아.'라고 말할 땐 You don't wanna know. 또는 You're better off not knowing.과 같이 표현합니다.

• **유사표현 : You'd better not do that**

A Telegram **is all the rage** among Korean people.

B Call me old-fashioned, but I don't use Telegram.

A **You don't wanna** do that. People would **play** you **for a fool**.

B No wonder* they weren't answering my texts*.

A You can download the app online. **You can't miss it**.

B I see your point, but what's the big deal?*

A 텔레그램이 한국인에게 정말 인기야.
B 구식이라고 부르겠지만 난 텔레그램 안 해.
A 그러지 않는 게 좋을걸. 남들이 바보 취급 할 수도 있어.
B 어쩐지 내 문자에 답장을 안 하더라고.
A 인터넷에서 앱을 다운받아. 찾기 쉬워.
B 무슨 말인지 알았어. 뭐 대단한 거라고.

기타표현체크

• No wonder+주어+동사 어쩐지 ~하다/~이 당연하다
• answer one's text 문자에 답장하다
• What's the big deal? 그게 뭐 대수야?

1 be all the rage 인기가 있다/대유행이다

A We've been waiting in line for an hour. Is it worth the wait?

B You bet! It's all the rage around here.

A 한 시간째 기다리고 있어. 기다릴 만한 가치가 있을까?

B 물론이지! 이 근처에서 엄청 잘나가는 곳이거든.

2 You don't wanna+동사원형 ~하지 않는 게 좋을 거야

A He's the one who spoils the fun in the office.

B You don't wanna bring up the topic around him.

A 그는 사무실에서 흥을 깨는 사람이야.

B 그 사람 앞에서 그 얘기는 꺼내지 않는 게 좋아.

3 play sb for a fool ~를 바보 취급하다

A He played me for a fool. He tried to charge me 500 bucks.

B Bastard! So you can't judge a book by its cover.

A 그가 날 바보 취급 했어. 나한테 500달러를 받으려고 했어.

B 나쁜 놈! 그래서 사람을 겉만 보고 판단하면 안 돼.

4 You can't miss it 찾기 쉬워

A Excuse me. Where's the nearest bookstore?

B Go straight and turn right. You can't miss it.

A 실례합니다. 가장 가까운 서점이 어디죠?

B 직진하시다가 우회전하세요. 찾기 쉬워요.

He blacked out

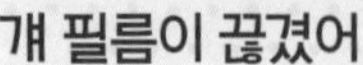

걔 필름이 끊겼어

black out은 '정신을 잃다'라는 뜻인데요, 술 마시다가 '필름이 끊기다'라는 의미로 사용됩니다. 유사한 의미로 pass out, faint와 같은 표현도 있습니다. blackout은 명사로 '정전'이라는 뜻으로도 사용됩니다.

• **유사표현 : He passed out**

A I **woke up with a stiff neck**. I'm not feeling like myself.

B You drank **till** you **dropped** last night.

A To top it off*, I think I left my phone in the taxi.

B You remind me of* a friend of mine from university.

A He must be a real party animal*.

B He **blacked out** and even **threw up** sometimes.

A 자고 나니 목이 뻐근해. 내 몸이 아니야.
B 어젯밤에 엄청 마셨나 보구나.
A 설상가상으로, 택시에 휴대폰을 두고 내렸나 봐.
B 너 보니 대학교 때 동창 녀석 생각난다.
A 그 사람도 파티광이었나 보네.
B 필름도 끊기고 심지어 때론 토하기도 했지.

기타표현체크

• to top it off 설상가상으로
• party animal 파티광
• remind A of B A에게 B가 생각나게 하다

1 wake up with a stiff neck 자고 나니 목이 뻐근하다

A This morning I woke up with a stiff neck.

B Every day I wake up with a terrible headache.

A 오늘 아침에 일어나니 목이 뻐근하던데.

B 난 매일 아침 일어나면 머리가 깨질 듯 아파.

2 동사+till sb drop ~을 실컷 하다

A How did you know today is my payday?

B My gut feeling told me. Will you shop till you drop?

A 오늘이 내 월급날인 걸 어떻게 알았어?

B 직감으로 알았지. 실컷 쇼핑할 거야?

3 black out (술에 취해) 필름이 끊기다

A I blacked out on the ground last night.

B You drank too much. Four glasses is your limit.

A 어젯밤에 필름이 끊겨서 땅바닥에 쓰러졌어.

B 너무 많이 마셨구나. 네 주량은 네 잔이잖아.

4 throw up 토하다

A I feel like throwing up. I need a barf bag.

B Lower your window and get some fresh air.

A 나 토할 것 같아. 구토 봉지가 필요해.

B 창문 내리고 맑은 공기를 좀 마셔 봐.

Let's make a toast

MP3 Day 074

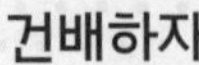

건배하자

회식 자리에서 빠지지 않는 것이 건배 제의죠. make a toast는 '건배 제의를 하다'라는 표현입니다. 이때 '~을 위하여'라고 할 때 전치사 to를 사용한다는 점을 주의하세요. 간단히 '건배'라고 외칠 때는 Cheers!라고 하면 됩니다.

• **유사표현 : Let's drink a toast**

A Let's **make a toast** to your success. Bottoms up!*

B I must not drink today. I'**m on medication**.

A Come on. I'm not **falling for** that trick.

B I have a bad cold and **ache all over**.

A Why don't you take a day off* and relax?

B I'd love to, but I'm tied up* at work.

A 너의 성공을 위해 건배하자. 원 샷!
B 오늘 나 술 마시면 안 돼. 약 먹는 중이거든.
A 왜 이래. 그런 속임수에 안 속아.
B 감기에 몸살로 온몸이 쑤셔대.
A 하루 휴가 내고 좀 쉬지 그래?
B 그러고 싶은데, 일 때문에 꼼짝 못해.

기타표현체크

• Bottoms up! 원 샷!
• take a day off 하루 쉬다
• be tied up 바쁘다

1 make a toast 건배 제의를 하다

A Everybody! Raise your glasses. Let's make a toast.

B OK, to our friendship! Cheers!

A 여러분! 술잔을 들어 주세요. 건배합시다.

B 그래요. 우리의 우정을 위하여! 건배!

2 be on medication (약을) 복용 중이다

A TGIF! How about going for a drink?

B I'm sorry, but I'm on medication these days.

A 금요일이다! 술 한잔 하러 갈래?

B 미안한데, 나 요즘 약 먹고 있거든.

3 fall for sb/sth ~에 속다/~에게 반하다

A Why do I always fall for a bad girl?

B Because you fall for such obvious lies easily.

A 왜 난 항상 나쁜 여자에게 반하는 거지?

B 네가 뻔한 거짓말에 쉽게 속아 넘어가니까 그렇지.

4 ache all over 온몸이 쑤시다

A I exercised for a change and now I ache all over.

B You put on a lot of weight. You're over the hill now.

A 간만에 운동 좀 했더니 온몸이 쑤시는군.

B 너 살 많이 쪘다. 너도 이제 한물갔어.

Hope it works out

MP3 Day 075

잘 되길 바라

work out은 '운동하다'라는 뜻과 더불어 어떤 일이 '잘 해결되다'라는 의미로 사용됩니다. '해결하다'라는 의미로 solve, settle, sort out과 같은 표현도 사용됩니다.

• 유사표현 : Good luck to you

A How did you **get into an accident**?

B A man crashed into* my car and ran away.

A That was close*. Did you figure out who did that?

B Yes. But he was trying to **put the blame on** me.

A You**'re out of luck** today. Hope it works out* for you.

B I was so upset. I almost **burst into tears**.

A 어쩌다가 사고가 났어?
B 어떤 남자가 내 차를 박고 도망갔어.
A 큰일 날 뻔했네. 누가 그랬는지 밝혀냈어?
B 응. 근데 그 사람이 나한테 책임을 돌렸어.
A 오늘 운이 없는 날이구나. 잘 해결되길 바라.
B 너무 속상해서 눈물이 터질 뻔했어.

기타표현체크

• crash into sth ~에 충돌하다
• work out (일이) 잘 되다
• That was close 큰일 날 뻔했다

1 get into an accident 사고를 당하다

A I almost got into an accident the other day.

B How many times have I told you? Drive safely.

A 요전 날 하마터면 사고가 날 뻔했어.
B 내가 몇 번을 말했어? 운전 조심해.

2 put the blame on sb ~의 탓으로 돌리다

A I think you're directly responsible for this problem.

B Don't put the blame on me. It's not my fault.

A 이 문제에 직접적인 책임이 너한테 있는 것 같아.
B 내 탓으로 돌리지 마. 내 잘못이 아니야.

3 be out of luck 운이 없다

A My car was rear-ended by a truck.

B You were out of luck. I'm glad you're not hurt badly.

A 트럭이 내 차를 추돌했어.
B 운이 없었구나. 많이 안 다쳐서 다행이야.

4 burst into tears 울음을 터뜨리다

A I heard you and your girlfriend had a big fight.

B She started a fight and ended up bursting into tears.

A 네 여자 친구와 심하게 싸웠다고 들었어.
B 그녀가 시비를 걸었고 결국 울음을 터뜨렸어.

Review Quiz Day 071~075

01 I can't __________ the courage. I'm not __________ a talker.

용기를 낼 수가 없어. 난 말주변도 없잖아.

02 Don't be so hard __________. You're a nice guy.

너무 자책하지 마. 넌 괜찮은 녀석이야.

03 Telegram is __________ among Korean people.

텔레그램이 한국인에게 정말 인기야.

04 You __________ do that. People would play you __________.

그러지 않는 게 좋을걸. 남들이 바보 취급 할 수도 있어.

05 I woke up with a __________. I'm not feeling myself.

자고 나니 목이 뻐근해. 내 몸이 아니야.

06 You drank till __________ last night.

어젯밤에 엄청 마셨나 보구나.

07 I must not drink today. I'm __________.

나 오늘 술 마시면 안 돼. 약 먹는 중이거든.

08 I have a bad cold and __________.

감기에 몸살로 온몸이 쑤셔대.

09 A man __________ my car and ran away.

어떤 남자가 내 차를 박고 도망갔어.

10 You're really __________ today. Hope it __________.

오늘 운이 없는 날이구나. 잘 해결되기 바라.

정답 01. work up / much of 02. on yourself 03. all the rage 04. don't wanna / for a fool 05. stiff neck 06. you dropped 07. on medication 08. ache all over 09. crashed into 10. out of luck / works out

DAY 076~080

MP3와 저자 강의를 들어 보세요

MP3 Day 076

Have you made a profit?

수익 좀 냈어?

make a profit는 '수익을 얻다'라는 의미인데요, '흑자[적자]이다.'는 We're in the black[red]., '겨우 먹고 살아.'는 I'm struggling to make ends meet. 또는 Another day, another dollar.와 같이 말합니다.

• **유사표현 :** You had a profit margin?

A Have you **made a profit** on your house?

B Just getting by. I just broke even*.

A I'm thinking of **taking out a loan** from the bank.

B Can you recommend a new area to invest in?

A I have my own problems*. I'm busy **paying off a debt**.

B We'**re in the same boat**. I'm struggling to raise money*.

A 집 매매로 수익 좀 냈어?
B 그럭저럭. 겨우 본전이야.
A 은행에서 대출을 좀 받으려고 해.
B 새로운 투자처 좀 추천해 줄래?
A 내 코가 석 자야. 빚 갚느라 정신없어.
B 같은 처지네. 나도 돈 모으려 애쓰고 있어.

기타표현체크

• break even 본전이다
• raise money 돈을 마련하다
• have one's own problems 내 코가 석 자다

1 make a profit 수익을 내다

A I managed to make a 5% profit this month.

B You have to find a way to turn things around.

A 이번 달에는 간신히 5% 수익을 냈어요.

B 넌 상황을 반전시킬 방법을 찾아야 해.

2 take out a loan 대출을 하다

A Excuse me. I'd like to take out a loan.

B Please complete this form. And I need to see your I.D.

A 실례합니다. 대출 좀 받으려고 하는데요.

B 이 양식을 작성해 주세요. 신분증도 보여 주세요.

3 pay off a debt 빚을 갚다/청산하다

A After paying off a debt, I have no money left.

B Cheer up. You can start from scratch.

A 빚을 갚고 나니 남은 돈이 한 푼도 없어.

B 기운 내. 처음부터 다시 시작할 수 있잖아.

4 be in the same boat 같은 처지이다

A Are you sure you're gonna support me?

B Count on me. We're in the same boat.

A 정말로 저를 지지해 주실 거죠?

B 날 믿어요. 우린 같은 처지잖아요.

She was taken to the ER

응급실에 실려 갔어

동사 take에는 '~를 …로 데려가다'라는 뜻이 있습니다. 영화 〈탑건〉의 주제곡 *Take my breath away*에서 take away는 사람의 '마음을 빼앗아 가 버리다'라는 의미로 사용되었죠.

• **유사표현 : She was rushed to the ER**

A I heard your wife was hospitalized* last night.

B She **was in a coma** when she was taken to* the ER.*

A I hope she'll **be released from the hospital** soon.

B After the surgery, she **is in stable condition** now.

A What did the doctor say? Is she all right?

B He said she should **bring** her cholesterol level **down**.

A 어젯밤에 네 부인이 입원했다면서.
B 응급실로 실려 갈 때 혼수상태였어.
A 그녀가 곧 퇴원할 수 있기를 바라.
B 수술 후에 지금은 안정을 되찾았어.
A 의사는 뭐래? 괜찮대?
B 그녀가 콜레스테롤 수치를 낮춰야 한대.

기타표현체크

- be hospitalized (병원에) 입원하다
- be taken to+장소 ~로 데려가다
- ER 응급실(Emergency Room)

1 be in a coma 혼수상태이다

A She was in a coma for a week, but she's fine now.

B Make sure she gets plenty of rest.

A 그녀는 일주일간 혼수상태였는데 지금은 괜찮아요.
B 그녀가 충분히 휴식을 취할 수 있게 해 주세요.

---

2 be released from the hospital

(병원에서) 퇴원하다

A When do you expect to be released from the hospital?

B I'm not sure, but it might be next week.

A 언제 병원에서 퇴원하실 예정인가요?
B 잘 모르지만 다음 주 정도 될 것 같아요.

---

3 be in stable condition 안정된 상태이다

A I heard he was severely injured in the accident.

B He's currently in stable condition in the hospital.

A 그가 사고로 심하게 다쳤다고 들었어요.
B 그는 현재 병원에서 안정을 찾았어요.

---

4 bring sth down ~을 낮추다/떨어뜨리다

A I need something to bring down the fever.

B Take these pills 30 minutes after each meal.

A 열을 내릴 만한 약 좀 주세요.
B 식후 30분마다 이 알약을 복용하세요.

Please spread the word

MP3 Day 078

입소문 좀 내 줘

주변 사람들에게 '입소문 좀 내 줘.'라고 말할 때 쓰는 표현입니다. '입소문'은 word of mouth라고 하는데, '입소문으로 들었어요.'는 I heard it by word of mouth.와 같이 말하면 됩니다.

• **유사표현 :** Spread the rumor for me

A Congratulations! Your book is **selling like hotcakes**.

B Thanks. Please **spread the word** for me.

A Sure. You have a way to promote it to the public*?

B Yes. I've been **posting** free lectures **on my site**.

A I'll **put in a good word** to my friends and acquaintances.

B Thanks a million*. That means a lot to me*.

A 축하해요! 당신 책이 불티나게 팔리고 있어요.
B 고마워요. 주변에 입소문 좀 내 주세요.
A 물론이죠. 대중에게 홍보하는 방법이 있나요?
B 네. 제 사이트에 무료 강의를 올리고 있어요.
A 저도 친구들과 지인들한테 잘 얘기해 줄게요.
B 너무 감사해요. 정말 큰 힘이 돼요.

기타표현체크

• promote to the public 대중에게 홍보하다
• Thanks a million 정말 고마워요
• That means a lot to me 나에게 큰 의미가 있다

❶ sell like hotcakes 불티나게 팔리다

A What's up? You're all smiles this morning.

B Our new product is selling like hotcakes.

A 무슨 일이야? 아침부터 싱글벙글 하네.

B 우리 신제품이 불티나게 팔리고 있거든요.

---

❷ spread the word 입소문을 내다

A What did you think about the movie?

B Great! I'm gonna spread the word to others.

A 그 영화 어땠어요?

B 좋았어요! 사람들한테 입소문 좀 내야겠어요.

---

❸ post sth on the site ~을 인터넷에 올리다

A Young people are very interested in politics.

B They like to post comments on the websites.

A 젊은 세대들이 정치에 매우 관심이 많아요.

B 그들은 인터넷에 댓글을 남기는 걸 좋아하죠.

---

❹ put in a good word 말을 잘 해 주다

A You're saying you like my friend, Claire?

B Don't forget to put in a good word for me.

A 내 친구 클레어를 좋아한다는 말이지?

B 잊지 말고 내 얘기 좀 잘 해 줘.

MP3 Day 079

It's too much for me

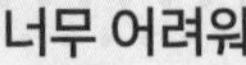

너무 어려워

너무 어려워서 '벅차다'라는 뜻의 표현인데요. It's over my head.와 같이 말해도 됩니다. 반면에 '너무 쉽다.'라는 말은 It's a piece of cake., It's a snap., It's a breeze.와 같이 표현합니다.

• **유사표현 :** It's too difficult for me

A I think it**'s too much for** me to play golf.

B Once you **get the hang of** it, it's just a matter of time*.

A Would it be possible to **catch up with** you in a year?

B I guess so. For starters*, try to **get used to** it.

A It's always easier said than done*.

B All the practice will pay off* in the near future.

A 나한텐 골프가 너무 어려운 것 같아.
B 일단 감을 잡으면, 단지 시간문제야.
A 1년 안에 네 실력을 따라잡는 게 가능할까?
B 아마도. 우선은 익숙해지려고 노력해 봐.
A 항상 말이야 행동보다 쉽지.
B 열심히 연습하면 조만간 성과가 있을 거야.

기타표현체크

• a matter of time 시간문제
• Easier said than done 말은 행동보다 쉽다
• for starters 우선은
• pay off 성과가 있다

❶ sth is too much for sb ~이 …에게 벅차다/힘들다

A It's too much for us to bring up more than two children.

B Since there're so many working couples these days.

A 두 명 이상의 자녀를 키우는 건 너무 힘들어.
B 요즘엔 맞벌이 부부들이 정말 많기 때문이지.

---

❷ get the hang of sth 요령이 생기다

A I think you're an excellent driver.

B If you drive a few more days, you'll get the hang of it.

A 운전을 정말 잘하시는 것 같아요.
B 며칠만 더 운전하시면 요령이 생길 거예요.

---

❸ catch up with sth/sb ~을 따라잡다

A You'd better catch up with my pace. You're too slow.

B Slow down. The night is still young.

A 내 속도 좀 따라와. 넌 너무 느려.
B 천천히 좀 마셔. 아직 초저녁이야.

---

❹ get used to sth ~에 익숙해지다

A Can you fix my computer? I'm computer illiterate.

B Don't worry. You'll get used to it.

A 제 컴퓨터 좀 고쳐 줄래요? 제가 컴맹이라서요.
B 염려 마세요. 곧 익숙해질 거예요.

They're made for each other

MP3 Day 080

강의 듣기

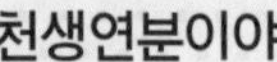

천생연분이야

'서로를 위해 만들어진 존재'라는 뜻으로 '천생연분'이란 의미가 되었습니다. '이상형'을 남자는 Mr. Right, 여자는 Ms. Right이라고 하죠. '백마 탄 왕자'는 Prince Charming이라고 표현합니다.

• **유사표현 :** They're a match made in heaven

A Hey, I'm back. **What did I miss?**

B Guess what I just heard? Take a guess*.

A **What do you take me for?** Give it to me straight*.

B They **got carried away** and kissed each other.

A I knew it!* They were drinking a lot.

B I think they**'re made for each other**.

A 이봐, 나 돌아왔어. 무슨 얘기 했어?
B 방금 무슨 얘기 들은 줄 알아? 한번 맞춰 봐.
A 날 뭘로 보는 거야? 솔직하게 말해.
B 걔네들 분위기에 휩쓸려서 서로 키스했대.
A 그럴 줄 알았어! 술 엄청 마셔대더니.
B 걔네들 천생연분인 것 같아.

기타표현체크

• Take a guess 대충 맞추다
• Give it to me straight 솔직히 말해
• I knew it! 그럴 줄 알았어!

1 What did I miss? 무슨 얘기 했어?

A What did I miss?

B We've been talking behind your back.

A (나 없을 때) 무슨 얘기 했어?

B 너 몰래 험담 좀 하고 있었지.

2 What do you take me for? 날 뭘로 보는 거야?

A People think you have some ulterior motive.

B Say what? What do you take me for?

A 사람들은 네게 숨겨진 저의가 있다고 생각해.

B 뭐라고? 대체 날 뭘로 보는 거야?

3 get carried away 흥분하다/자제력을 잃다

A Why did the boss shout at his assistant?

B I think he got carried away for some reason.

A 왜 사장님이 비서에게 소리를 지르셨어?

B 무슨 이유에선지 좀 흥분하신 것 같아.

4 be made for each other 천생연분이다

A I think they're made for each other.

B You're telling me! Every Jack has his Jill.

A 걔네들 천생연분인 것 같아.

B 내 말이! 짚신도 짝이 있다고 하잖아.

Review Quiz Day 076~080

01 I'm thinking of ______________ a loan from the bank.
은행에서 대출을 좀 받으려고 해.

02 I have my own ______________. I'm busy ______________ a debt.
내 코가 석 자야. 빚 갚느라 정신없어.

03 She was ______________ when she was ______________ the E.R.
응급실로 실려 갈 때 혼수상태였어요.

04 After the surgery, she is in ______________ now.
수술 후에 지금은 안정을 되찾았어.

05 Congratulations! Your book is selling ______________.
축하해요! 당신 책이 불티나게 팔리고 있어요.

06 I'll put in a ______________ to my friends and acquaintances.
저도 친구들과 지인들한테 잘 얘기해 줄게요.

07 I think it's too ______________ me to play golf.
나한텐 골프가 너무 어려운 것 같아.

08 Once you get ______________ of it, it's just a ______________ of time.
일단 감을 잡으면, 단지 시간문제야.

09 What do you ______________? ______________ to me straight.
날 뭘로 보는 거야? 솔직하게 말해.

10 They got ______________ and kissed each other.
걔네들 분위기에 휩쓸려서 서로 키스했대.

정답 01. taking out 02. problems / paying off 03. in a coma / taken to 04. stable condition 05. like hotcakes 06. good word 07. much for 08. the hang / matter 09. take me for / Give it 10. carried away

DAY 081~085

MP3와 저자 강의를 들어 보세요
영어회화 100일의 기적
071 ~ 080
DAY 081 ~ 090
091 ~ 100
DAY 081
MP3
녹음강의
동영상강의
DAY 082
DAY 083
DAY 084
초보탈출!

MP3 Day 081

You didn't come out great

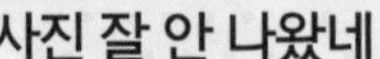

촬영한 사진을 평가할 때 사용하는 표현입니다. '실물이 더 낫다.'는 You look nicer in person., 반대로 '사진이 실물보다 더 잘 나오다.'는 You look nicer in this picture., This picture flatters you.와 같이 말할 수 있습니다.

• **유사표현 : You didn't turn out very well**

A You didn't **come out great** in this picture.

B To be honest, I'm a little camera-shy*.

A You **look better than** your picture.

B That's what everybody tells me.

A You'd better **change your mind** and have confidence*.

B On second thought*, you **have a point**.

A 이 사진은 당신이 잘 안 나왔네요.
B 솔직히 전 사진 찍는 거 싫어해요.
A 사진보다 실물이 더 나으세요.
B 다들 그렇게 말해요.
A 생각 좀 바꾸고 자신감을 가져요.
B 다시 생각해 보니, 당신이 맞는 것 같아요.

기타표현체크

• camera-shy 사진 찍히기 싫어하는
• have confidence 자신감을 갖다
• on second thought 다시 생각해 보니

1 come out great (사진이) 잘 나오다

A Do you think my hat goes well with my jacket?

B You came out great. You're so photogenic.

A 내 모자와 재킷이 잘 어울리는 것 같아?

B 사진 잘 나왔다. 넌 사진이 잘 받아.

2 look better than sth ~보다 나아 보이다

A She looks better in person than on TV.

B What makes you so sure? Let's take a vote on it.

A 그녀는 TV 화면보다 실제로 보면 더 나아.

B 무슨 근거로 확신해? 투표 한번 해 보자.

3 change one's mind ~의 마음을 바꾸다

A Poor thing. I think you're under your wife's thumb.

B I love her. I still haven't changed my mind.

A 불쌍해라. 넌 아내한테 꽉 잡혀 사는 것 같아.

B 그녀를 사랑해. 내 마음은 아직도 변함이 없어.

4 have a point 일리가 있다/맞는 것 같다

A Having a sore throat, you should take a good rest.

B I guess you have a point.

A 넌 목이 아프니까 푹 쉬는 게 좋을 것 같아.

B 네 말이 맞는 것 같아.

MP3 Day 082

Let me sleep on it

다시 생각해 볼게

'하룻밤 자면서 더 생각해 보다'라는 의미로, 어떤 결정을 하기 전에 '시간을 두고 숙고하다'라는 표현입니다. I'll give it some thought.과 같이 말해도 됩니다.

• **유사표현 : Let me think it over**

A Can I help you find something?

B I'm wondering if* you can **give** me **a discount** on this.

A That's a steal*. We're **selling** these **at cost**.

B I don't like to haggle*, but it's way too expensive.

A Why don't you **try** it **on** for size?

B If you can't come down*, let me **sleep on** it.

A 뭐 찾으시는 거 도와드릴까요?
B 이거 할인해 주실 수 있는지 궁금해요.
A 완전 거저예요. 본전에 팔고 있다고요.
B 흥정하고 싶지 않지만 너무 비싸네요.
A 사이즈 맞는지 한 번 입어 보실래요?
B 깎아 줄 수 없다면 생각 좀 해 볼게요.

기타표현체크

• wonder if+주어+동사 ~인지 아닌지 궁금하다
• haggle 흥정하다
• That's a steal 싸다/공짜나 다름없다
• come down 가격을 내리다

❶ give sb a discount ~에게 할인해 주다

A Can you give me a discount? It went out of style.

B No. It's very popular and is currently out of stock.

A 할인해 주실 수 있나요? 유행이 지난 거잖아요.

B 아뇨. 이 제품은 인기가 많아서 지금 재고가 없어요.

❷ sell sth at cost 원가에 팔다/싸게 팔다

A I think that's too much. Let's make it $10.

B It's our rock bottom price. We're practically selling it at cost.

A 너무 비싼 것 같아요. 10달러로 합시다.

B 최저가입니다. 거의 원가에 팔고 있어요.

❸ try sth on ~을 입어 보다

A I like this white one. Can I try this on?

B Sure. You can change in the fitting room.

A 이 흰색이 맘에 들어요. 입어 봐도 되나요?

B 물론이죠. 탈의실에서 갈아입으세요.

❹ sleep on sth ~을 다시 생각해 보다

A I hear you got a job offer from a good company.

B Yes, but I'm still on the fence. I need to sleep on it.

A 좋은 회사로부터 채용 제의를 받았다고 들었어.

B 그래. 하지만 아직 결정 못 했어. 생각 좀 해 보려고.

MP3 Day 083

Just get to the point

본론만 얘기해

강의 듣기

주제를 벗어나 말을 빙빙 돌리는 사람에게 '요점만 얘기해.'라고 하는 말입니다. point는 '요점', '핵심'이라는 뜻이죠. Come to the point., Cut it short.와 같이 말해도 됩니다.

• **유사표현 : Let's get down to business**

A This work is beyond my ability*. I'm not sure if I can do it.

B Stop **beating around the bush**. Just **get to the point**.

A I'm **pulling my weight**. I deserve* a raise.

B Pay raise? Don't start with that* again.

A I'm going to put in for* a transfer to another division.

B Please stop pressuring me. You're **driving** me **crazy**.

A 제 능력 밖이에요. 할 수 있을지 모르겠어요.
B 말 돌리지 마세요. 본론만 얘기해요.
A 전 제 역할을 다하고 있어요. 급여 인상 받을 만해요.
B 급여 인상이라고요? 그 얘긴 꺼내지도 마세요.
A 다른 부서로 전근 신청할 거예요.
B 나 좀 그만 괴롭혀요. 당신 때문에 미치겠어요.

기타표현체크

- be beyond one's ability ~의 능력을 넘어서다
- deserve+명사 / deserve to+동사원형 ~ 받을 만하다, ~할 만한 자격이 있다
- Don't start with that 그 얘긴 꺼내지도 마
- put in for sth ~을 신청하다

1 beat around the bush (빙빙) 돌려 말하다

A You're looking greater than ever today.

B Stop beating around the bush. What do you want?

A 오늘따라 더 멋져 보이는걸.

B 말 돌리지 마. 원하는 게 뭐야?

2 get to the point 본론으로 들어가다

A I think his bark is worse than his bite.

B Stop playing word games. Just get to the point.

A 걔, 말은 저래도 괜찮은 녀석이야.

B 말장난 그만해. 당장 본론만 말하라고.

3 pull one's weight 역할을 다하다

A I don't think he's pulling his weight in our team.

B He hasn't turned in the report yet.

A 그가 우리 팀에서 자기 역할을 안 하는 것 같아.

B 보고서도 아직 제출 안 했다니까.

4 drive sb crazy ~를 미치게 하다

A Spam calls and texts are driving me crazy.

B It's time to change your phone number if you ask me.

A 스팸 전화랑 문자 때문에 미치겠어.

B 내 생각엔 전화번호를 바꿀 때가 된 것 같은데.

MP3 Day 084

It's pouring

비가 억수같이 와

비가 퍼붓듯이 내릴 때 사용하는 표현이죠. 간단히 It's raining hard.라고 해도 됩니다. '비가 오락가락하다.'는 It's raining on and off., '빗방울이 굵어지고 있어.'는 The rain is picking up.과 같이 말합니다.

• **유사표현 : It's really coming down**

A Look outside! **It's pouring**.

B I don't feel like* cooking. Let's **send out for** Chinese food.

A What's the weather going to be like tomorrow?

B **There's a good chance** it will rain in the afternoon.

A Too bad* we have to **be cooped up at** home on Sunday.

B Damn it! There goes* my weekend.

A 바깥 좀 봐! 비가 억수같이 오고 있어.
B 요리하기 싫은데, 중국 음식이나 시켜 먹자.
A 내일 날씨는 어떨 것 같아?
B 오후에 비가 올 가능성이 높대.
A 일요일에 집에 처박혀 있으려니 죽겠네.
B 제길! 이번 주말은 망쳤어.

기타표현체크

• don't feel like+(동)명사 ~하고 싶지 않다
• Too bad+주어+동사 ~이라서 아쉽다
• There goes+명사 ~을 망쳤다/날 샜다

1 It's pouring (비가) 억수같이 오다

A Look at the time! I lost track of time talking to you.

B What are we gonna do? It's pouring outside.

A 시간 좀 봐! 너랑 얘기하느라 시간 가는 줄 몰랐어.

B 어떻게 하지? 밖에 비가 엄청나게 쏟아지고 있어.

---

2 send out for+음식 ~을 배달시키다

A I'm hungry. There's nothing to eat in the fridge.

B What're you up for? Let's send out for a pizza.

A 배고파. 냉장고에 먹을 게 하나도 없네.

B 뭐 먹고 싶어? 우리 피자 배달시켜 먹자.

---

3 There is a good chance+주어+동사

~할 가능성이 높다

A There's a good chance that he won't show up.

B I think so. Chances are slim.

A 그가 나오지 않을 가능성이 높아.

B 나도 그렇게 생각해. 가능성이 희박하지.

---

4 be cooped up (at/in+장소) (~에) 처박혀 있다/갇혀 있다

A I'm feeling blue. I can't get her out of my head.

B Don't stay cooped up. Let's get out for a change.

A 나 우울해. 그녀 생각을 떨칠 수가 없어.

B 집에 처박혀 있지 마. 기분전환으로 바람 쐬러 가자.

Let's take a walk

산책 좀 하자

원어민은 기본 동사와 명사를 결합한 표현을 즐겨 쓰죠. 동사 take를 이용해 자주 쓰이는 표현들로 take a bath(목욕을 하다), take a nap(낮잠을 자다), take a picture(사진을 찍다) 등이 있습니다.

• 유사표현 : How about a stroll?

A Do you have any big plans this Saturday?

B I'm afraid I have some work to **catch up on**.

A You look really stressed out*. What happened?

B **The last thing I wanna do is** fill in for* someone.

A Stick it out and don't **bite off more than** you **can chew**.

B I **can't stand the sight of** him. Let's take a walk*.

A 이번 주 토요일에 특별한 계획 있어?
B 안타깝게도 밀린 일을 좀 해야 해.
A 너 엄청 스트레스 받아 보여. 무슨 일이야?
B 난 절대 다른 사람 일을 대신 하고 싶지 않아.
A 조금만 참아. 그리고 감당할 수 있을 정도만 해.
B 그 녀석 꼴도 보기 싫어. 우리 산책이나 하자.

기타표현체크

- stressed out 스트레스를 받은
- fill in for sb ~를 대신하다
- take a walk 산책하다

1 catch up on sth (밀린 일을) 만회하다/보충하다

A How about climbing a mountain this weekend?

B Sorry, but I'm going to catch up on my sleep.

A 이번 주말에 등산 가는 거 어때?

B 미안하지만 밀린 잠을 보충하려고 해.

2 The last thing I wanna do is+동사원형

절대 ~하고 싶지 않다

A The last thing I wanna do is shop around with my wife.

B Are you kidding? You should be good to her.

A 난 절대 아내랑 함께 쇼핑하고 싶지 않아.

B 농담이지? 네 부인한테 잘 좀 해라.

3 bite off more than sb can chew

분에 넘치는 일을 하다

A I've been putting everything into this project.

B Don't bite off more than you can chew.

A 이 프로젝트에 모든 걸 쏟아붓고 있어.

B 너무 무리는 하지 마라.

4 can't stand the sight of sb/sth ~는 꼴도 보기 싫다

A It's shocking he didn't show up yesterday.

B I wasted my time. I can't stand the sight of him!

A 그가 어제 나타나지 않았다니 충격적이야.

B 시간만 낭비했어요. 그 사람 꼴도 보기 싫어!

Review Quiz Day 081~085

01 You didn't __________ great in this picture.
이 사진은 당신이 잘 안 나왔네요.

02 You __________ than your picture.
사진보다 실물이 더 나으세요.

03 I'm wondering if you can give me __________ on this.
이거 할인해 주실 수 있는지 궁금해요.

04 If you can't __________, let me __________ it.
깎아 줄 수 없다면 생각 좀 해 볼게요.

05 Stop beating around __________. Just get __________.
말 돌리지 마세요. 본론만 얘기해요.

06 Please stop __________. You're __________.
나 그만 괴롭혀요. 당신 때문에 미치겠어요.

07 I don't __________ cooking. Let's __________ for Chinese food.
요리하기 싫은데, 중국 음식이나 시켜 먹자.

08 Too bad we have to be __________ at home on Sunday.
일요일에 집에 처박혀 있으려니 죽겠네.

09 I'm afraid I have some work to __________ on.
안타깝게도 밀린 일을 좀 해야 해.

10 __________ I wanna do is __________ for someone.
난 절대 다른 사람 일을 대신 하고 싶지 않아.

정답 01. come out 02. look better 03. a discount 04. come down / sleep on 05. the bush / to the point 06. pressuring me / driving me crazy 07. feel like / send out 08. cooped up 09. catch up 10. The last thing / fill in

DAY 086~090

MP3와 저자 강의를 들어 보세요
영어회화 100일의 기적
DAY 081 ~ 090
071 ~ 080
091 ~ 100
DAY 086
MP3
녹음강의
동영상강의
DAY 087
DAY 088
DAY 089
초보탈출!

Thanks for the tip

알려 줘서 고마워

MP3 Day 086

도움이 되는 정보를 알려 줘서 고맙다고 말할 때 사용하는 표현이죠. '상기시켜 줘서 고마워요.'는 Thanks for telling me., Thanks for reminding me.와 같이 말할 수 있습니다.

• 유사표현 : Thanks for the heads-up

A Would you mind* **backing up** a little, please?

B What's the matter? I always park here.

A This is a tow-away zone*. You can **get a parking ticket**.

B Don't **make a big deal** out of nothing.

A As far as I know*, there's a parking lot behind the building.

B That's news to me*. **Thanks for the tip**.

A 차를 뒤로 좀 빼 주실래요?
B 뭐가 문제죠? 저는 늘 여기 주차하는데요.
A 여긴 견인 지역이에요. 주차 위반 딱지를 떼일 수 있어요.
B 별거 아닌 일로 소란 좀 떨지 마세요.
A 제가 알기로는 건물 뒤에 주차장이 있어요.
B 금시초문인데요. 알려 줘서 고마워요.

기타표현체크

• Would you mind+동명사? ~해 주실래요?
• tow-away zone (불법 주차) 견인 지역
• as far as I know 내가 알기로는
• That's news to me 금시초문이다

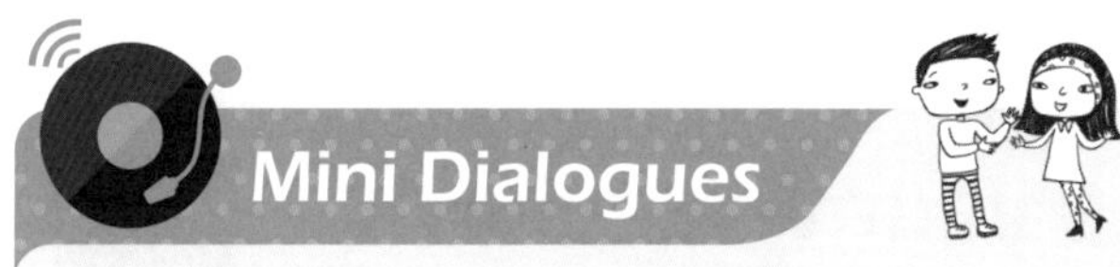

Mini Dialogues

1 back up (자동차가) 후진하다

A Check the rear-view mirror before backing up.

B Cut it out! Will you stop being a backseat driver?

A 후진하기 전에 백미러를 확인해.
B 그만해! 간섭 좀 그만할 수 없어?

2 get a parking ticket 주차 위반 딱지를 받다

A This is not my day. I got a parking ticket.

B Nice going! Last time you got a speeding ticket.

A 오늘 재수가 없는 날이야. 주차 위반 딱지 떼였어.
B 잘한다! 지난번에는 과속으로 딱지 끊더니.

3 make a big deal 호들갑을 떨다/소란을 피우다

A Don't make a big deal about it. I got dumped by Dylan.

B You got caught two-timing by him?

A 호들갑 떨지 말고 들어. 나 딜런한테 차였어.
B 양다리 걸치다 걔한테 걸렸어?

4 Thanks for the tip 알려 줘서 고마워

A You have to pocket your pride. It'd be better for each other.

B You're right. Thanks for the tip.

A 너 자존심을 버려야 해. 그게 서로를 위해 더 나을 거야.
B 네 말이 맞아. 조언 고마워.

MP3 Day 087

Keep your voice down

목소리 낮춰

keep sth down은 '~을 낮추다'라는 뜻입니다. TV 소리가 너무 커서 '볼륨 좀 줄여라.'라고 말할 땐 Keep the volume down.과 같이 말하면 됩니다. 반면 '크게 좀 말씀해 주세요.'는 Raise your voice.라고 말합니다.

• **유사표현 : Lower your voice**

A You look sharp* today. What's going on?

B I **treated myself to** a new coat behind my wife's back.

A She'll **blow her top** if she finds out.

B **Leave it to** me. I'll take care of it.

A I **feel sorry for** her. What kind of husband are you?*

B Keep your voice down. Don't tell a soul*.

A 오늘 멋진데. 무슨 일이야?
B 아내 몰래 큰맘 먹고 코트 하나 샀어.
A 네 아내가 알면 불같이 화낼 것 같은데.
B 나한테 맡겨. 내가 알아서 할 거야.
A 네 아내가 불쌍하다. 무슨 남편이 그러냐?
B 목소리 낮춰. 아무한테도 말하지 마.

기타표현체크

• look sharp (의상이) 멋지다
• Don't tell a soul 아무한테도 말하지 마
• What kind of sb are you? 무슨 ~가 그러냐?

Mini Dialogues

1 treat oneself to sth 큰맘 먹고 ~을 사다

A I treated myself to a new laptop. I got a good deal.

B What a shame! I'm afraid you got overcharged.

A 큰맘 먹고 새 노트북 샀어. 싸게 샀지.

B 안타깝구나! 너 바가지 쓴 것 같은데.

2 blow one's top 불같이 화내다

A Last night I got home late, and my wife blew her top.

B You didn't listen to me, now look at you!

A 어젯밤에 늦게 들어갔더니 아내가 엄청 화냈어.

B 내 말 안 듣더니. 거봐, 꼴좋다!

3 leave it to sb/sth ~에게 맡기다

A Can you tell me how to make a transition in my life?

B Make a concrete plan. Don't leave it to chance.

A 인생에 변화를 주는 방법을 알려 주시겠어요?

B 구체적인 계획을 세워요. 운에 맡기지 마세요.

4 feel sorry for sb ~를 불쌍히 생각하다

A Years of work went down the drain.

B I feel sorry for you. Life sucks!

A 몇 년간 공들인 게 허사가 됐어.

B 정말 안됐구나. 사는 게 뭔지!

I got a lecture

나 야단맞았어

구어체에서 get은 명사와 결합해서 일반동사처럼 자주 사용됩니다. '머리를 자르다'는 get a haircut, '택시를 잡다'는 get a taxi, '술 마시다'는 get a drink와 같이 다양하게 표현할 수 있습니다.

• **유사표현 :** I got punished by my dad

A I **got a lecture** for failing to **meet the deadline**.

B You know how your boss is about deadlines.

A I don't want to **let** him **down** any more.

B Let's talk about it over* a drink tonight.

A I got paid* today. I'll treat you to dinner*.

B I owe you one*. It's my turn to **return the favor**.

A 마감 시간을 못 지켜서 야단맞았어.
B 사장님이 마감일에 대해 어떤지 알잖아.
A 더 이상 그를 실망시키고 싶지 않아.
B 저녁에 한잔하면서 얘기하자.
A 오늘 월급 받았어. 내가 저녁 살게.
B 너한테 빚진 게 있어. 내가 보답할 차례야.

기타표현체크

- over+음식 ~을 먹으면서, ~을 마시면서
- treat sb to+식사 ~에게 식사를 대접하다
- get paid 급여를 받다
- owe sb one 빚지다/신세를 지다

1 get a lecture 야단맞다

A I got a lecture from my dad this morning.

B Because you've been bumming around watching TV.

A 오늘 아침에 아빠한테 야단맞았어.
B TV만 보면서 빈둥거리니까 그러지.

2 meet the deadline 마감 시간을 지키다

A Stop making excuses for handing in your reports late.

B Yes. I'll be sure to meet the deadline from now on.

A 보고서 제출이 늦은 거에 대한 변명은 그만해.
B 알겠습니다. 이제부터 마감일을 엄수하겠습니다.

3 let sb down ~를 실망시키다

A I'm counting on you to support me. Don't let me down.

B Don't worry. I'll never stab you in the back.

A 날 지지해 줄 거라고 믿고 있어. 실망시키지 마.
B 걱정하지 마. 절대 널 배신하지 않을 거야.

4 return the favor 보답하다

A I'll treat you to dinner tonight.

B Thanks. I'll return the favor.

A 오늘 저녁은 내가 살게.
B 고마워. 나중에 보답할게.

Fill her up, please

가득 주세요

MP3 Day 089

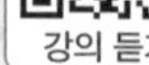

강의 듣기

Fill up은 윗부분까지 '가득 채우다'라는 의미인데요, '가득 채워 주세요.'는 Fill it up. 또는 Top it up.과 같이 말합니다. 물컵에 물을 '가득 채워 주세요.'라고 할 때도 Fill up to the top.과 같이 표현할 수 있습니다.

• 유사표현 : Could you fill it up?

A We're **running out of** gas.

B I know a gas station* on the way.

A While we're at it*, I should get my car washed.

B You have to **make a left** at the next light.

A I need to fill up the tank*. We **have a long way to go**.

B Fill her up*, please. Can I **get a car wash**?

A 기름이 떨어져 가고 있어.
B 가는 길에 주유소 아는 데 있어.
A 하는 김에 세차도 좀 해야겠다.
B 다음 신호등에서 좌회전해야 해.
A 가득 채워야겠어. 갈 길이 멀잖아.
B 가득 넣어 주세요. 세차 가능하죠?

기타표현체크

- gas station 주유소
- fill up the tank (기름통을) 가득 채우다
- While we're at it ~하는 김에
- Fill her up 가득 넣어 주세요

1 run out of sth ~이 떨어지다

A Hurry up! We're running out of time.

B Don't be so pushy. I'm hurrying as fast as I can.

A 서둘러! 시간이 없어.

B 너무 재촉하지 마. 최대한 서두르고 있어.

2 make a left[right] 좌회전[우회전]하다

A Please tell me how to find the nearest pharmacy.

B Make a right at the second intersection.

A 가장 가까운 약국이 어디 있는지 가르쳐 주세요.

B 두 번째 교차로에서 우회전하세요.

3 have a long way to go 갈 길이 멀다/아직 멀었다

A I think your English is pretty good.

B Thanks, but I still have a long way to go.

A 영어를 정말 잘하시는 것 같네요.

B 고마워요. 하지만 아직 멀었어요.

4 get a car wash (기계) 세차를 하다

A Move up a little. How much gas do you want?

B 50,000 won, please. Can I also get a car wash?

A 앞으로 조금만 빼 주세요. 얼마나 넣어 드릴까요?

B 5만 원어치 넣어 주세요. 세차도 되나요?

MP3 Day 090

Put it on my account

외상으로 할게요

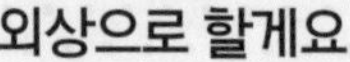

강의 듣기

account는 '계좌', '장부'와 같은 뜻이 있죠. '~에 올려 주세요'는 Put it on sth이라는 표현을 사용하는데요, '제 방으로 달아 주세요.'는 Put it on my room., '제 계산서에 달아 주세요.'는 Put it on my bill.과 같이 말합니다.

• **유사표현 : Charge it to my account**

A I've **been out of touch with** Jason for months.

B I've texted* him a few times. He**'s in the doghouse**.

A **Let's drop the subject** and go out for lunch.

B Here comes the food. Let's dig in*.

C The total comes to* $24.

B **Put** it **on my account**, please.

A 제이슨하고 몇 달째 연락이 끊겼어.
B 문자도 여러 번 보냈는데. 걘 완전 찍혔어.
A 그 얘긴 그만하고 점심이나 먹으러 가자.
B 음식 나왔다. 어서 먹자.
C 총 24달러 나왔습니다.
B 제 장부에 달아 주세요.

기타표현체크

• text sb ~에게 문자를 보내다
• The total comes to+금액 총 얼마가 나오다
• Let's dig in (음식을) 먹자

1 be out of touch (with sb) (~와) 연락이 끊기다

A Just out of curiosity, have you heard of him lately?

B No, we've been out of touch for almost a year.

A 궁금해서 그러는데, 최근에 그 사람 소식 들었어?

B 아니, 우린 서로 거의 1년 동안 소식이 끊겼어.

---

2 be in the doghouse 미움을 사다/찍히다

A I was in the doghouse for being late again yesterday.

B Shame on you! Tardiness is your middle name.

A 어제 또 늦어서 완전 찍혀 버렸어.

B 창피한 줄 알아! 지각하면 너잖아.

---

3 Let's drop the subject 그 얘긴 그만하자

A Are you sure you quit your job?

B It's water under the bridge. Let's drop the subject.

A 직장을 그만뒀다는 말이 사실이에요?

B 이미 지난 일이에요. 그 얘긴 그만하죠.

---

4 put sth on one's account 외상으로 하다/장부에 달다

A How would you like to pay your bill?

B I forgot to bring my wallet. Put it on my account.

A 계산은 어떻게 지불하시겠어요?

B 지갑을 놓고 왔네요. 제 장부에 달아 주세요.

Review Quiz Day 086~090

01 Would you mind __________ a little, please?

차를 뒤로 좀 빼 주실래요?

02 This is a __________. You can get __________.

여긴 견인 지역이에요. 주차위반 딱지를 떼일 수 있어요.

03 I __________ to a new coat behind my wife's back.

아내 몰래 큰맘 먹고 코트 하나 샀어.

04 Keep your __________. Don't __________.

목소리 좀 낮춰. 아무한테도 말하지 마.

05 I __________ for failing to meet __________.

마감 시간을 못 지켜서 야단맞았어.

06 I __________ one. It's my turn to return __________.

너한테 빚진 게 있어. 내가 보답할 차례야.

07 While we're __________, I should get my car washed.

하는 김에 세차도 좀 해야겠네.

08 I need to __________ the tank. We have __________ to go.

가득 채워야겠어. 갈 길이 멀잖아.

09 I've been __________ with Jason for months.

제이슨하고 몇 달째 연락이 끊겼어.

10 The __________ to $24.

총 24달러 나왔습니다.

정답 01. backing up 02. tow-away zone / a parking ticket 03. treated myself 04. voice down / tell a soul 05. got a lecture / the deadline 06. owe you / the favor 07. at it 08. fill up / a long way 09. out of touch 10. total comes

DAY 091~095

MP3와 저자 강의를 들어 보세요
100일 후에는 나도 영어로 말한다!
영어회화 100일의 기적
081 ~ 090
DAY 091 ~ 100
DAY 091
MP3
녹음강의
동영상강의
DAY 092
DAY 093
DAY 094
초보탈출!

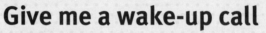

Give me a wake-up call

모닝콜 해 주세요

MP3 Day 091

'모닝콜'을 영어로 wake-up call이라고 하죠. 참고로 '잠을 재우다'라는 표현은 put sb to sleep이라고 해요. '아기를 재워야 해.'라는 말은 I need to put my baby to sleep.과 같이 말하면 됩니다.

• **유사표현 : Please wake me up at 6:00**

A I **have a reservation under the name of** Jinsu Kim.

B Yes, Sir. Could you **fill out** this form, please?

A I'd like a room with an ocean view* if possible*.

B Let me check. Okay, we have one. Your room number is 902.

A Great. Can you **give** me **a wake-up call** at 7:00?

B Sure. I'll have* a bellboy carry your luggage to your room.

A **Can I have an extra** towel in my room, please**?**

A 김진수라는 이름으로 예약했어요.
B 네. 이 양식을 좀 작성해 주시겠습니까?
A 가능하면 바다가 보이는 방으로 주세요.
B 확인해 보겠습니다. 하나 있네요. 방 번호는 902호입니다.
A 좋아요. 7시에 모닝콜 좀 해 주시겠어요?
B 물론이죠. 벨보이가 짐을 객실로 옮겨 드릴 겁니다.
A 제 방에 수건 하나 더 주시겠어요?

기타표현체크

• ocean view 바다가 보이는 전망
• if possible 가급적/가능하면
• have sb+동사원형 ~에게 …하라고 시키다

❶ have a reservation under the name of sb

~ 이름으로 예약하다

A I have a reservation under the name of Smith.

B Let me check the list. Please hold on a second.

A 스미스라는 이름으로 예약했습니다.

B 명단을 확인해 보겠습니다. 잠시 기다려 주세요.

---

❷ fill out sth ~을 작성하다

A Excuse me. I'd like to check out a book.

B Please fill out this application first.

A 실례합니다. 책을 한 권 대출하려고 하는데요.

B 먼저 이 신청서를 작성해 주세요.

---

❸ give sb a wake-up call ~에게 모닝콜을 해 주다

A Give me a wake-up call at 6:00 in the morning.

B Sure. Good night and sweet dreams.

A 아침 6시에 모닝콜 해 줘.

B 알았어. 잘 자고 좋은 꿈 꿔.

---

❹ Can I have an extra sth? ~ 하나 더 주실래요?

A Can I have an extra blanket, please?

B No problem. I'll bring it right away.

A 담요 하나 더 갖다 주실래요?

B 물론이죠. 바로 가져다 드릴게요.

MP3 Day 092

I have a bad cough

저 기침이 심해요

강의 듣기

감기에 관련된 증상은 동사 have를 사용해서 다양하게 표현할 수 있는데요, 콧물이 날 땐 I have a runny nose., 코 막힐 땐 I have a stuffy nose., 목이 아플 땐 I have a sore throat., 열이 날 땐 I have a fever.와 같이 말하면 됩니다.

• 유사표현 : My cough is terrible

A What's the problem today?

B **This is my first time** here. I have a bad cough*.

A Leave your name and phone number, please.

B OK. **How many parties are ahead of me?**

A 12. **Do you want me to put** you **on the waiting list?**

B Yes, please. How long is the wait?*

A The way I see it*, it should take 30 minutes.

A 어디가 불편하세요?
B 여긴 처음인데요. 기침이 심해요.
A 성함과 전화번호를 알려 주십시오.
B 네. 제 앞에 대기자가 얼마나 되죠?
A 12명이요. 대기자 명단에 올려 드릴까요?
B 네, 부탁해요. 얼마나 기다려야 하죠?
A 제가 보기엔 30분 정도 걸릴 것 같아요.

기타표현체크

• have a cough 기침을 하다(have a stuffy nose 코가 막히다)
• How long is the wait? 얼마나 기다려야 하나요?
• The way I see it 내가 보기엔

❶ This is one's first time ~에게 처음이다

A This is my first time traveling abroad.

B Great! Take care and have a nice flight.

A 이번이 해외여행 처음이에요.

B 멋지네요! 몸조심하고 즐거운 여행 되세요.

❷ How many parties are ahead of me?

제 앞에 대기자가 얼마나 돼요?

A How many parties are ahead of me?

B Not too many. Please wait until we call your name.

A 제 앞에 대기자가 얼마나 있죠?

B 많지 않아요. 성함을 부를 때까지 기다리세요.

❸ Do you want me to+동사원형? 제가 ~해 드릴까요?

A It's time to go. Do you want me to wait for you?

B No, you go ahead. It'll take a long time to finish this.

A 이제 갈 시간이야. 내가 기다려 줄까?

B 아니, 먼저 가. 이거 끝내려면 시간 좀 걸릴 거야.

❹ put sb on the waiting list ~를 대기자 명단에 올리다

A You're fully booked? Put me on the waiting list.

B Sure. We'll give you the first cancellation.

A 예약이 꽉 찼어요? 대기자 명단에 올려 주세요.

B 네. 예약 취소가 있으면 먼저 연락드리겠습니다.

MP3 Day 093

Will that be all?

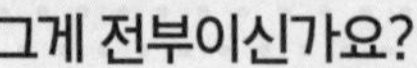

그게 전부이신가요?

강의 듣기

식당이나 가게에서 손님이 주문을 끝냈을 때 종업원이 '주문 다 하셨나요?'라고 확인하며 묻는 말입니다. '주문 내용 확인해 드릴게요.'라는 표현은 Let me check your order. 또는 Let me confirm your order.와 같이 말합니다.

• 유사표현 : Anything else?

A Can I take your order? **What can I get for you?**

B I'd like* a cheese burger, French fries* and a Coke.

A **For here or to go?**

B To go, please. **Take it easy on** the onions.

A Will that be all?* That'll be $7.50. Enjoy your meal*.

B I'd like to **pay by credit card**. Here you go.

A 주문하시겠어요? 뭘 드릴까요?
B 치즈버거 한 개, 감자튀김, 콜라 하나 주세요.
A 여기서 드세요, 아니면 가져가실 건가요?
B 가져갈 겁니다. 양파는 조금만 넣어 주세요.
A 그게 전부이신가요? 7달러 50센트입니다. 맛있게 드세요.
B 신용카드로 계산할게요. 여기 있어요.

기타표현체크

- I'd like+음식 ~ 주세요
- Will that be all? 그게 전부인가요?
- French fries 감자튀김
- Enjoy your meal 맛있게 드세요

1 What can I get for you? 뭘 드릴까요?

A Hello! What can I get for you, sir?

B I'll have a large chicken burger. Cut in half, please.

A 안녕하세요! 무엇을 드릴까요?

B 치킨버거 큰 거 주세요. 반으로 잘라 주세요.

2 For here or to go? 여기서 드세요, 가져가세요?

A Will that be for here or to go?

B For here, please. Hold the onions.

A 여기서 드시나요, 아니면 가져가실 건가요?

B 여기서 먹을 겁니다. 양파는 빼 주세요.

3 take it easy on sth/sb

~을 조금만 넣다/~를 살살 대하다

A How could she do this to me?

B Take it easy on her. She had a tough day.

A 그녀가 어떻게 나한테 이럴 수 있지?

B 그녀에게 부드럽게 대해 줘. 힘든 하루를 보냈어.

4 pay by credit card 신용카드로 계산하다

A Will that be cash or charge, sir?

B I think I'm short on cash. Can I pay by credit card?

A 현금인가요, 아니면 카드로 하시겠습니까?

B 현금이 모자란 것 같아요. 신용카드로 계산되죠?

MP3 Day 094

What do you say?

네 생각은 어때?

어떤 제안을 하고 나서 상대방의 의사를 묻는 표현입니다. '당신은 어때요?'라는 표현은 What about you? 또는 How about you?와 같이 간단하게 말해도 됩니다.

• **유사표현 : What do you think?**

A Do you have a reservation?

B No. Do you have a table for five?

A Certainly*. **Would you like** a table or a booth**?**

B We'd like to sit in a booth*. What do you say*, honey?

C **It's all the same to me**. Suit yourself.

B Boys, please **stay out of trouble** and **behave yourselves**.

A 예약하셨나요?
B 아뇨. 5명인데 자리 있어요?
A 네. 테이블을 원하세요, 아니면 칸막이 쪽을 원하세요?
B 칸막이에 앉을게요. 여보, 당신은 어때?
C 전 아무래도 괜찮아요. 편할 대로 하세요.
B 얘들아, 말썽 피우지 말고 얌전히 있어라.

기타표현체크

• Certainly 물론이죠
• What do you say? 어떻게 생각해?
• sit in a booth 칸막이 자리에 앉다

1 Would you like sth? ~하실래요?/~드릴까요?

A Would you like some coffee?

B No, something without caffeine.

A 커피 좀 드릴까요?

B 아뇨, 카페인 없는 음료로 주세요.

---

2 It's all the same to me 난 아무래도 괜찮아

A What do you want to eat? Korean or Chinese?

B Well, it's all the same to me.

A 뭐 먹고 싶어? 한식 아니면 중국 음식?

B 난 아무거나 괜찮아.

---

3 stay out of trouble 말썽을 피우지 않다

A Consider your surroundings! Stay out of trouble.

B OK. What do you want me to do?

A 분위기 파악 좀 해! 말썽 피우지 말고.

B 알았어. 내가 어떻게 했으면 좋겠어?

---

4 behave oneself 점잖게 행동하다

A You're so spoiled. Would you behave yourself?

B I don't get it. Why are you doing this to me?

A 넌 정말 제멋대로구나. 좀 얌전히 있어 줄래?

B 이해가 안 돼요. 나한테 왜 이러시는 거예요?

Can I get a refund?

MP3 Day 095

환불 되나요?

'환불받다'는 get a refund라고 하는데요, '물건을 반품하다'는 return 또는 take back과 같은 표현을 사용합니다. '영수증 없으면 반품이 안 됩니다.'는 You can't return without the receipt.와 같이 말합니다.

• 유사표현 : I'd like a refund, please

A Good afternoon. How may I help you?

B Can I **get a refund** on this coat?

A I'm afraid* it**'s against** our policy to give refunds.

B This is torn. Can I **exchange** it **for** another one?

A All sales are final*. We're sorry for the inconvenience*.

B I**'m** so **fed up with** your service.

A 안녕하세요. 뭘 도와드릴까요?
B 이 코트 환불받을 수 있을까요?
A 유감스럽지만 환불은 규정에 어긋납니다.
B 여기가 찢어졌어요. 다른 걸로 교환은 되죠?
A 환불 및 교환이 안 됩니다. 불편 드려 죄송합니다.
B 당신네 서비스에 완전 질렸어요.

기타표현체크

- I'm afraid+주어+동사　유감스럽게도 ~하다
- All sales are final　교환(환불) 불가
- be sorry for the inconvenience　불편 드려 죄송하다

1 get a refund 환불받다

A I got these shoes yesterday, but they don't fit.

B We don't have one in your size. You wanna get a refund?

A 이 신발 어제 샀는데 사이즈가 안 맞아요.

B 사이즈가 없네요. 환불해 드릴까요?

2 be against sth ~에 위배되다

A My New Year's resolution is quitting smoking.

B Good for you. It's against the law in the building.

A 제 새해 결심은 담배를 끊는 거예요.

B 잘했어요. 흡연은 건물 내에서 불법이잖아요.

3 exchange A for B A와 B를 교환하다

A Can I exchange this for a different item?

B Sure. Can I see your receipt?

A 이걸 다른 물건과 바꿀 수 있나요?

B 네. 영수증 좀 보여 주시겠어요?

4 be fed up with sth ~에 질리다

A How did you spend your vacation?

B Terribly. I was fed up with all the people and cars.

A 휴가는 어떻게 보내셨어요?

B 죽음이었죠. 많은 사람들과 자동차에 질렸어요.

Review Quiz Day 091~095

01 I'd like a room with ______________, if possible.
가능하면 바다가 보이는 방으로 주세요.

02 Can I have ______________ in my room, please?
제 방에 수건 하나 더 주시겠어요?

03 How many parties are ______________ me?
제 앞에 대기자가 얼마나 되죠?

04 Do you want me to put you ______________?
대기자 명단에 올려 드릴까요?

05 ______________, please. Take it ______________ the onions.
가져갈 겁니다. 양파는 조금만 넣어 주세요.

06 I'd like to pay ______________. Here you go.
신용카드로 계산할게요. 여기 있어요.

07 Do you have ______________?
5명인데 자리 있어요?

08 It's ______________ to me. Suit yourself.
전 아무래도 괜찮아요. 편할 대로 하세요.

09 This is torn. Can I ______________ another one?
여기가 찢어졌어요. 다른 걸로 교환은 되죠?

10 I'm so ______________ your service.
당신네 서비스에 완전 질렸어요.

정답 01. an ocean view 02. an extra towel 03. ahead of 04. on the waiting list 05. To go / easy on 06. by credit card 07. a table for five 08. all the same 09. exchange it for 10. fed up with

DAY 096~100

MP3와 저자 강의를 들어 보세요
100일 후에는 나도 영어로 말한다!
영어회화 100일의 기적
DAY
091 ~ 100
DAY 096
MP3
녹음강의
동영상강의
DAY 097
DAY 098
DAY 099
초보탈출!

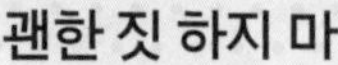

MP3 Day 096

Don't ask for trouble

괜한 짓 하지 마

강의 듣기

ask for trouble은 '곤란한 일을 자초하다'라는 뜻인데요. 상대방의 행동을 비난할 때 '화를 자초하다'라는 의미로 사용됩니다. '자업자득이다.'는 You asked for it. 또는 You deserve it.과 같이 말합니다.

• **유사표현 : Let sleeping dogs lie**

A Who **came up with** this brilliant idea?

B We **put our heads together** to solve the problem.

A Good job*. Let's **give** ourselves **a big hand**.

B Why don't you report it to the boss right away*?

A He's in a bad mood* today. Don't **ask for trouble**.

B Really? I was barking up the wrong tree*.

A 누가 이렇게 훌륭한 아이디어를 생각해 냈죠?
B 우리가 머리를 맞대고 문제를 해결했어요.
A 잘했어요. 모두에게 큰 박수를 쳐 줍시다.
B 사장님께 바로 보고 드리는 건 어때요?
A 오늘 저기압이세요. 괜한 짓 하지 마세요.
B 그래요? 제가 잘못 짚었군요.

기타표현체크

• Good job 잘했어요/훌륭해요
• be in a bad mood 기분이 좋지 않다
• right away 곧바로/즉시
• bark up the wrong tree 헛다리 짚다

1 come up with sth ~을 생각해 내다

A I racked my brain to come up with an answer.

B It's a waste of time. It's not worth a thought.

A 답을 생각해 내려고 머리를 쥐어짰어.

B 시간 낭비야. 생각할 만한 가치도 없어.

2 put one's heads together 머리를 맞대고 상의하다

A We have to tighten our belt for a rainy day.

B Let's put our heads together to solve this problem.

A 어려울 때를 대비해서 허리띠를 졸라매야 해.

B 머리를 맞대고 이 문제의 해결책을 상의해 보자.

3 give sb a big hand ~에게 큰 박수를 보내다

A I got promoted from manager to director.

B Terrific! Everybody, let's give him a big hand.

A 제가 부장에서 이사로 승진했어요.

B 잘됐네요! 여러분, 그에게 큰 박수를 보내 줍시다.

4 ask for trouble 화를 자초하다/괜한 짓을 하다

A I never go around during rush hour.

B That's true. That's really asking for trouble.

A 저는 복잡할 땐 절대 돌아다니지 않아요.

B 맞아요. 그건 사서 고생하는 거죠.

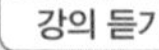

I'm sorry for your loss

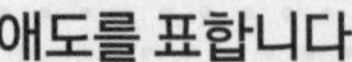

애도를 표합니다

강의 듣기

장례식장에서 고인에게 애도의 마음을 전하는 표현입니다. '상심이 크시겠군요.'라는 뜻으로 Please accept my condolences. 또는 I can't tell you how sorry I am.과 같이 말하기도 합니다.

• **유사표현 : My condolences to you**

A My father passed away* last week.

B **I'm** so **sorry for your loss**. I know how you feel*.

A Thank you for your sympathy*.

B He was a great man. He **had a mind of his own**.

A He had to **learn the hard way** and made it big*.

B I've **looked up to** him since I was young.

A 지난주에 제 아버지가 돌아가셨어요.
B 삼가 애도를 표합니다. 어떤 심정인지 알아요.
A 위로해 주셔서 감사해요.
B 훌륭한 분이셨어요. 주관이 뚜렷하셨죠.
A 역경을 통해 배우시고 크게 성공하셨어요.
B 전 어렸을 때부터 그분을 존경했어요.

기타표현체크

• pass away 사망하다/(시간이) 지나가다
• sympathy 조의[연민]/위로
• know how you feel 어떤 기분인지 안다
• make it big 크게 성공하다

Mini Dialogues

1 I'm sorry for your loss 삼가 애도를 표합니다

A My grandmother passed away last night.

B I'm sorry for your loss.

A 어젯밤에 제 할머니께서 돌아가셨어요.
B 삼가 애도를 표합니다.

2 have a mind of one's own 주관이 뚜렷하다

A She has a mind of her own when it comes to fashion.

B Really? I think she's wishy-washy.

A 그녀는 패션에 관해서라면 주관이 뚜렷해.
B 정말? 내가 보기엔 우유부단한 것 같던데.

3 learn the hard way 고생해서 배우다

A I had to learn the hard way for a lot of lessons.

B Nothing ventured, nothing gained.

A 역경을 통해서 많은 교훈을 배워야 했어요.
B 모험을 하지 않고는 아무것도 얻을 수 없죠.

4 look up to sb ~를 존경하다

A I look up to my parents. They're my mentors.

B I feel the same way. People speak highly of them.

A 난 부모님을 존경해. 그 분들은 내 멘토야.
B 나도 그렇게 생각해. 사람들이 두 분을 칭찬하더라고.

Let's face it

현실을 직시해

'인정하기 어려운 현실을 받아들이다' 또는 '현실을 직시하다'라는 표현입니다. face the reality라고 하기도 합니다. '피하지 않고 정면으로 맞서다'라는 의미로 take the bull by the horn과 같은 표현도 있습니다.

• **유사표현** : Let's be realistic

A The economy is worse now more than ever*.

B The job market is horrible to say the least*.

A Big companies don't **place many ads** to hire people.

B Some say we have to **lower our standards**.

A I think everyone **has what it takes to** succeed.

B **Let's face it**. It's too cut-throat* these days.

A 지금 경기가 어느 때보다 좋지 않아.
B 채용 시장도 정말 최악이야.
A 대기업에서 채용 공고를 많이 내지 않아.
B 어떤 이들은 우리에게 눈높이를 낮추라고 해.
A 난 누구나 성공할 자질이 있다고 생각해.
B 현실을 직시하자. 요즘 경쟁이 너무 치열하다고.

기타표현체크

• more than ever 그 어느 때보다 더
• to say the least 정말로/조금도 과장 없이
• cut-throat 경쟁이 치열한

1 place an ad 광고[공고]를 내다

A Are you sure you quit your job?

B Yes. They've already placed an ad to fill my position.

A 너 일 그만뒀다는 게 사실이야?

B 그래. 이미 내 자리를 채우려고 채용 공고도 냈어.

2 lower one's standards 눈높이를 낮추다

A No matter what happens, I'll become a lawyer.

B Listen to me. You'd better lower your standards.

A 난 무슨 일이 있어도 변호사가 될 거야.

B 내 말 좀 들어. 눈높이를 좀 낮추는 게 좋겠어.

3 have what it takes to+동사원형

~할 자질을 갖추고 있다

A I think she has what it takes to be a politician.

B She was born for this. She loves negotiating.

A 그녀는 정치인이 될 자질이 있는 것 같아.

B 그녀는 타고났어. 협상하는 걸 좋아하거든.

4 Let's face it 현실을 직시하자

A Competition is fierce. I'm not sure I'm ready.

B Well, let's face it together.

A 경쟁이 치열해. 내가 준비가 된 건지 모르겠어.

B 글쎄, 우리 함께 부딪혀 보자.

I missed the boat

MP3 Day 099

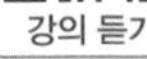

기회를 놓쳤어

우리말에 '버스를 놓치다'라는 말이 있죠. 영어에서도 우리말과 유사하게 miss the bus 또는 miss the boat라고 표현합니다. 참고로 일생에 한 번뿐인 기회는 Once-in-a-lifetime opportunity라고 합니다.

• 유사표현 : I missed an opportunity

A Did you **get good grades** in school?

B Looking back*, I was on the dean's list* during college.

A You were an honor student? **Don't make me laugh**.

B OK, but good grades **don't put food on the table**.

A **There's nothing like** studying hard as a student.

B I think the point is* that I missed the boat* in life.

A 학교 다닐 때 공부 잘했어?
B 돌이켜 보니 대학 때 우등생이었지.
A 네가 모범생이었다고? 웃기지 마.
B 알았어. 하지만 공부 잘하는 게 밥 먹여 주는 건 아니잖아.
A 학생 때는 공부를 열심히 하는 게 최고야.
B 중요한 건 내가 인생의 기회를 놓쳤다는 거지.

기타표현체크

- Looking back 돌이켜 보니
- the point is+주어+동사 요점은 ~이다
- be on the dean's list 우등생 명단에 있다
- miss the boat (좋은) 기회를 놓치다

❶ get a good grade 좋은 성적을 받다

A He graduated from high school with honors.

B He got a good grade all the time. He was a teacher's pet.

A 그는 고등학교를 우등으로 졸업했어.
B 항상 좋은 성적을 받았어. 선생님의 애제자였지.

---

❷ Don't make me laugh 웃기지 마/말도 안 돼

A I'm gonna lose 10 kilograms in the next six months.

B Don't make me laugh. If that happens, I'll eat my hat.

A 앞으로 6개월 내에 체중 10kg을 감량할 거야.
B 웃기지 마. 그게 된다면 내 손에 장을 지질 거야.

---

❸ sth doesn't put food on the table

~가 밥 먹여 주지 않는다

A We just broke up. It's the end of the world.

B Chin up. Love doesn't put food on the table.

A 우리 방금 헤어졌어. 세상이 다 끝난 것 같아.
B 기운 내. 사랑이 밥 먹여 주는 것도 아니잖아.

---

❹ There's nothing like+(동)명사

~만 한 것이 없다/~가 최고다

A What do you want to do after work?

B There's nothing like a hot bath in cold weather.

A 퇴근하고 뭐 할 거야?
B 추운 날씨엔 온욕만 한 게 없지.

MP3 Day 100

Don't be a chicken!

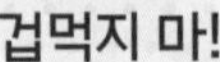

겁먹지 마!

서양에서는 겁이 많은 동물로 '닭'이 유명한데요, 누구를 겁쟁이라고 놀릴 때 chicken에 비유해서 자주 말합니다. chicken을 동사로 사용해서 Don't chicken out!과 같이 표현하기도 합니다.

• 유사표현 : Don't be scared

A Let's **go ahead with** this plan. We can manage*.

B With your track record*, I don't think we can **pull** it **off**.

A Come on! Don't be such a chicken!*

B All I'm saying is* we need something to **turn to**.

A OK. If you insist, let's **meet halfway**.

B Be serious. It's no laughing matter.

A 이 계획 추진하자. 어떻게든 될 거야.
B 네 전적을 봤을 때 우린 못할 것 같아.
A 왜 이래! 너무 겁쟁이처럼 굴지 마.
B 내 말은 뭔가 의지할 수 있는 게 필요해.
A 좋아. 정 그렇다면 서로 타협하자.
B 좀 진지하라고. 웃을 일이 아니야.

기타표현체크

• sb can manage 그럭저럭 해내다
• with one's track record ~의 전적을 봤을 때
• Don't be a chicken! 겁먹지 마!
• All I'm saying is+주어+동사 내 말은 ~이라는 거야

1 go ahead with sth ~을 추진하다

A I think we have to go ahead with the project.

B Our boss said no. You can't turn it back now.

A 난 그 프로젝트를 추진해야 된다고 생각해.

B 사장님이 안 된다고 했어. 이젠 돌이킬 수 없어.

2 pull sth off (어려운 일을) 해내다

A Our team won in the bottom of the ninth inning.

B What a relief! I thought they could pull it off.

A 우리 팀이 9회 말에서 이겼어.

B 다행이야! 난 그들이 해낼 거라 생각했어.

3 turn to sb/sth ~에 의지하다

A I need someone to turn to in difficult times.

B You can't spend your life leaning on others anymore.

A 내가 어려울 때 의지할 누군가가 필요해.

B 인생을 더 이상 타인에게 기대며 살 수는 없어.

4 meet (sb) halfway 절반씩 양보하다

A I heard you had a falling out with Eva last week.

B Growing apart, I decided to meet her halfway.

A 너 지난주에 에바와 싸웠다고 들었어.

B 사이가 멀어지다가 서로 타협하기로 했어.

Review Quiz Day 096~100

01 Who ______________ this brilliant idea?

누가 이렇게 훌륭한 아이디어를 생각해 냈죠?

02 Good job. Let's give ______________.

잘했어요. 모두에게 큰 박수를 쳐 줍시다.

03 I'm so ______________. I know how you feel.

삼가 애도를 표합니다. 어떤 심정인지 알아요.

04 I've ______________ him since I was young.

전 어렸을 때부터 그분을 존경했어요.

05 Big companies don't ______________ to hire people.

대기업에서 채용 공고를 많이 내지 않아.

06 Let's ______________. It's too ______________ these days.

현실을 직시하자. 요즘 경쟁이 너무 치열하다고.

07 Looking back, I was ______________ during college.

돌이켜 보니 대학 때 우등생이었지.

08 ______________ studying hard as a student.

학생 때는 공부를 열심히 하는 게 최고야.

09 With ______________, I don't think we can ______________.

네 전적을 봤을 때 우린 못할 것 같아.

10 If you insist, let's ______________.

정 그렇다면 서로 타협하자.

정답 01. came up with 02. ourselves a big hand 03. sorry for your loss 04. looked up to 05. place many ads 06. face it / cut-throat 07. on the dean's list 08. There's nothing like 09. your track record / pull it off 10. meet half way

MEMO